名师名校名校长

凝聚名师共识
囲志名师关怀
打造名师品牌
培育名师群体

　　　　张明遠题

从整合到深度融合

信息技术在听障语文教学中的应用与实践

米秀兰 / 著

中国出版集团　现代出版社

图书在版编目（CIP）数据

从整合到深度融合：信息技术在听障语文教学中的
应用与实践 / 米秀兰著. — 北京：现代出版社，
2023.5

ISBN 978-7-5231-0292-3

Ⅰ.①从… Ⅱ.①米… Ⅲ.①信息技术—应用—听力
障碍—中小学生—语文教学—教学研究 Ⅳ.①G762.2

中国国家版本馆CIP数据核字（2023）第072293号

从整合到深度融合：信息技术在听障语文教学中的应用与实践

作　　者	米秀兰
责任编辑	李　昂
出版发行	现代出版社
地　　址	北京市安定门外安华里504号
邮政编码	100011
电　　话	010-64267325　64245264
网　　址	www.1980xd.com
印　　制	北京政采印刷服务有限公司
开　　本	710mm×1000mm　1/16
印　　张	14
字　　数	224千字
版　　次	2023年5月第1版　2023年5月第1次印刷
书　　号	ISBN 978-7-5231-0292-3
定　　价	58.00元

前　言

随着《国家中长期教育改革和发展规划纲要（2010—2020年）》及《教育信息化十年发展规划（2011—2020年）》的颁布和实施，教育改革在不断深入推进，通过教育信息化推动教育现代化，已经成为国家教育发展的重要战略和全社会的共识。信息技术是当今科学技术中最活跃、发展最迅速、影响最广泛的领域，它不仅影响着人们的工作和生活方式，也已经和正在改变着教育和学习的方式，它使教育的时空界限不断被突破，成为教育改革和发展的强大动力。中小学信息技术与课程整合的研究与实践是信息时代教育改革的重大课题，是推动我国基础教育变革的有效途径。

《教育部关于实施全国中小学教师信息技术应用能力提升工程2.0的意见》中明确指出：信息技术应用能力是新时代高素质教师的核心素养。信息技术与课程深度融合是社会发展的必然趋势和潮流，是实现教育信息化的基本任务之一，是新课程标准的内在要求，是促进学生全面发展的重要途径，也是提升教师专业核心素养的具体方法。信息技术应用于教育的核心就是与学科深度融合，即把信息技术自然地融入教师的意识里，运用到课堂教学以及学生的学习中去。每位生活在当今时代的教师都有责任和义务积极探索信息技术与学科教学深度融合的途径。

由于听障学生存在听力缺失和不同的认知的特点，他们在学习方面有异于普通学生的特殊要求。由于听力缺失，听障学生更需要直观教学。信息技术的使用可以很好地解决这个问题，科学运用信息技术能使抽象问题具体化、枯燥问题趣味化、静止问题动态化、复杂问题简单化，有利于提高听障学生课堂学习的实效性。根据"全面促进信息技术与教育教学融合创新发展"的要求，将信息技术与语文课程教学进行深度融合，可以拓宽听障学生学习语言的思路，培养他们学习语文的兴趣，发展他们书面语言的实践能力。

为了适应社会的发展，满足听障学生的特殊需要，提高听障语文教学效率，2012年7月，笔者申报了广东省教育技术研究课题《信息技术在聋校语文教学中的应用研究》（课题编号：yjjy12B039）。该课题成功获得了立项，经过将近四年的研究，于2016年顺利结题。结题之后，课题组成员并没有停止研究，而是在教学实践中不断试验、探索总结、推广论证。在此课题研究成果的基础上，2021年9月，笔者申报的肇庆市"十四五"教育规划课题《5G+智慧教育背景下聋校语文教学中微课的应用研究》（课题编号：2021ZQJYKYKT015）通过立项并顺利开题。2022年10月，笔者申报了广东省教育科学研究项目《信息技术与听障语文教学深度融合实践研究》。

笔者及其研究团队通过近十年的研究与教学实践，借鉴和吸收了国内外最新信息技术与学科整合（深层次整合）理念，结合课题组成员的教学实践经验和教学案例，编写了《从整合到深度融合——信息技术在听障语文教学中的应用与实践》一书。该书全面记录了课题组对信息技术在听障语文教学中应用研究从整合到深度融合的研究历程，主要从七个方面进行了阐述，分别是：第一章信息技术概述；第二章听障语文课程概述；第三章信息技术与课程整合概论；第四章信息技术与听障语文教学深度融合的历程；第五章信息技术与听障语文教学深度融合的原则及路径与方法；第六章信息技术与听障语文教学从整合到深度融合的实践研究；第七章信息技术与听障语文教学深度融合的思考与展望。

本书在编写过程中，参考、引用了国内外的研究成果、相关文献，其中，主要文献来源已经在本书末尾作为参考文献列出。在此，笔者向这些成果的文献作者表示诚挚的谢意，如有遗漏，恳请谅解。

本书的编写得到肇庆学院教育研究院曲中林教授的悉心指导及课题组成员的大力支持，在此，笔者表示衷心的感谢！书中尚有许多不足之处，敬请广大读者朋友指正。

米秀兰

2022年11月6日于肇庆

目 录

第五章 信息技术与听障语文教学深度融合的原则及路径与方法

第六章 信息技术与听障语文教学从整合到深度融合的实践研究

第七章 信息技术与听障语文教学深度融合的思考与展望

参考文献

信息技术概述

　　信息技术是当前各类学校教育的重要内容，也是实施教育改革的重要技术手段。《国家中长期教育改革和发展规划纲要（2010—2020年）》中明确指出："信息技术对教育发展具有革命性影响，必须予以高度重视。"这份规划纲要具有里程碑意义。2019年4月，《教育部关于实施全国中小学教师信息技术应用能力提升工程2.0的意见》提出：到2022年，构建以校为本、基于课堂、应用驱动、注重创新、精准测评的教师信息素养发展新机制，通过示范项目带动各地开展教师信息技术应用能力培训，基本实现校长信息化领导力、教师信息化教学能力、培训团队信息化指导能力显著提升，全面促进信息技术与教育教学融合创新发展。分析信息技术在教育以及特殊教育中的运用，揭示信息技术对特殊教育的影响，对开展特殊教育改革、推进教育公平、提高特殊教育质量具有显著意义。

第一节 信息技术的简介

一、信息技术的概念

人类的生活离不开信息的收集、传递和分析。信息是人类生活中很重要的一部分，它可以通过语言、文字、声音、图像等方式表现出来，如人们从电视或网络上收看新闻和天气预报，教师通过计算机软件向学生展示课程信息，等等，都是信息的收集、传递和分析过程。因此，信息技术可以定义为：凡是能够提高或者扩展人类获取信息能力的方法和手段的总称，这些方法和手段主要是指完成信息产生、获取、存储、检索、识别、交换、处理、控制、分析、显示及利用的技术。

二、信息技术的内涵

提到信息技术，人们首先想到的就是计算机。其实信息技术不完全等同于计算机，计算机只是信息技术的一小部分，它是扩展人们信息能力的一种方式。信息技术的核心是电子计算机和现代通信技术。信息技术的内涵包括两个方面：一个方面是各种信息媒体，如CD、数码播放器、DVD、数码相机、数码摄像机、实物展示台、交互式电子白板等；另一个方面是手段，即运用信息媒体对各种信息进行采集、加工、应用的方法，是一种智能形态的技术，如应用多媒体进行教学。

三、信息技术的特点

信息技术具有数字化、网络化、高速化、智能化、个人化的特点。

（1）数字化是指信息技术采用二进制编码的方法处理和传输信息。

（2）网络化是指信息网络发展迅速。我国覆盖全国的信息网络主要有中国公用计算机互联网（CHINANET，70622M）、中国网络通信集团（宽带中国 CHINA169网，38941M）、中国科技网（CSTNET，15120M）、中国教育和科研计算机网（CERNET，4064M）、中国移动互联网（CMNET，3705M）、中国联通互联网（UNINET，3652M）等。

（3）高速化是指追求高速度和大容量的计算机和通信的发展，使上网的速度加快，从而进一步提高人们获取信息的效率。

（4）智能化是指利用计算机模拟人的智能，如机器人、智能化的计算机辅助教学软件、自动考核与评价系统、视听教学媒体等。

（5）个人化是指以个人为目标的通信方式，大力实现信息的可移动性和全球性。

四、信息技术的发展历程

历史上发生过五次信息技术革命：第一次信息技术革命是语言和文字的出现。语言是人类交换信息最基本的载体，文字的出现使语言的存储和传递突破了时间与空间的限制。第二次信息技术革命是造纸术和印刷术的发明。造纸术和印刷术将信息记录、存储、传递和使用的范围扩展到了更为广阔的空间。第三次信息技术革命起源于19世纪中期电磁学的兴起。英国科学家法拉第发现了电磁感应定律，麦克斯韦建立了电磁理论。这些伟大的发现促进了电报、电话、雷达、广播、电视等的产生，人们开始利用电磁波传递信息。第四次信息技术革命发生在1946年，人类发明了第一台电子计算机，开辟了信息技术的新天地。第五次信息技术革命是通信技术在发展到光纤数字通信和卫星通信之后，与计算机技术相结合形成了计算机网络技术。信息技术革命使人类收集信息、传递信息和分享信息的技术达到了前所未有的水平。由此可以看出，每一次的信息技术革命都促进了信息交流方式的改变。

五、信息技术对社会的影响

（一）对社会发展的影响

科学技术是第一生产力，如今信息技术已经成为科学技术的前沿，人类社会从工业社会步入信息社会。随着信息技术的广泛应用，它引发了社会各个方面、各个领域的深刻变革，加快和促进了社会生产力的发展和人们生活质量

的提高。信息资源成为继物质、能源之后推动经济发展的新资源，知识创新形成的知识产品成为新的经济增长方式，信息产业将成为信息化社会的主要支柱产业之一。信息技术的发展使得世界变成了一个地球村，如今人们能够及时分享社会进步带来的成果，地域差别和经济发展造成的差异越来越小，这样不仅促进了不同国家、不同民族之间的文化交流与学习，还使文化更加开放化和大众化。

（二）对科技进步的影响

信息技术促进了新技术的变革，极大地推动了科学技术的进步。计算机技术的应用帮助人们攻克了一个又一个科学难题，使得原本用人工需要花几十年甚至上百年才能解决的复杂计算，用计算机可能几分钟就能完成；应用计算机仿真技术可以模拟现实中可能出现的各种情况，便于验证各种科学假设；以微电子技术为核心的信息技术，带动了空间开发、新能源开发、生物工程等一批尖端技术的发展。此外，信息技术在基础学科中的应用及其与其他学科的融合，促进了新兴学科（如计算物理学、计算化学）和交叉学科（如人工智能、电子商务等）的产生和发展。

（三）对人们生活的影响

信息技术的广泛应用促进了人们生活质量的提高，人们的工作和生活方式也正在发生改变，足不出户便可知天下事，不离家照样能办事。一部分人可以由原来的按时定点上班变为可以在家办公，网上看病、网上会议、网上购物、网上洽谈生意、网上娱乐等成为人们的一种新型生活方式。信息技术的应用，使得人们可以通过互联网尽情"游览"缤纷的世界，使人类社会向着个性化、休闲化的方向发展。在信息社会里，人们的行为方式、思维方式甚至社会形态也发生了变化。

（四）对教育的影响

随着教育信息化的全面推进，信息技术对教育也产生了越来越大的作用。信息技术的广泛应用，促成了网络化、多媒体化和智能化的教育环境，在这个环境中，所有的教育资源得到了有效利用，构建了一个全新的、无限开放的平台，实现了真正的资源共享，改变了传统的教育教学环境。信息技术有利于教育教学的管理，转变了教师的教学观，丰富了教师的课堂教学手段（如电化教学），扩充了学生的学习渠道和手段，学生的知识来源由原来的单一书本，扩展到了网络资源，打破了时空的限制（如远程教育），增强了学生学习的主动性、积极性和创造性。信息技术使远程教育成为现实，人们的学习更加便利。总之，信息技术有力地促进了教育效率、教学质量、教研水平的提高。

第二节 多媒体技术教学的概述

一、多媒体技术教学的含义

一般所说的"多媒体",不仅指多种媒体信息本身,还指处理和应用各种媒体信息的相应技术,因此,"多媒体"通常是指"多媒体技术"。多媒体教学,又称计算机辅助教学,是指利用计算机对文字、声音、图像、影音等各种媒体信息进行整合,并通过多媒体投影工具将教学内容展示出来的一种教学形式。多媒体教学具有多元性、多样化、集成性、控制性等特点,能够为教学创设更为丰富多彩、生动活泼的学习环境,增强教学内容的形象性、生动性和直观性,突出了范围扩大、时空突破、容量增加等特色,能够为教师提供更为直观且高效率的教学手段,也为学生的有效学习、智力培养及素质提高等提供了有效途径。

二、多媒体技术的特征

多媒体技术就是计算机综合处理多种媒体信息——文本、图形、图像和声音,使多种信息建立逻辑链接,集成为一个具有交互性的系统。简而言之,多媒体技术就是计算机综合处理声、文、图、像信息的技术,具有集成性、实时性和交互性等特征。

(一)集成性

多媒体的集成性主要表现在两个方面,即多媒体信息载体的集成和处理这些多媒体信息的设备的集成。多媒体信息载体的集成是指将文字、声音、图形、图像、动画、视频等信息集成在一起,综合处理,组合成一个完整的多媒体信息;多媒体信息的设备的集成包括计算机系统、存储设备、音响设备、视频设备等的集成,是指将各种媒体在各种设备上有机地组织在一起,形成多媒体系统，从而实现声、文、图、像的一体化处理。

（二）实时性

由于多媒体技术是研究多种媒体集成的技术，其中声音和动态图像是与时间密切相关的，这就要求对它们进行处理以及人机的交互、显示、检索等操作都能够实时完成，特别是在多媒体网络和多媒体通信中，实时传播和同步支持是一个非常重要的指标。例如，声音和图像在播放时，不能出现卡顿现象，并且要保持同步，否则会影响播放的效果。

（三）交互性

交互性是多媒体技术的关键特性，它向用户提供了更加有效地控制和使用信息的手段，帮助用户增加对信息的注意和理解，延长信息的保留时间，使人们获取信息和使用信息的方式由被动变为主动。人们可以根据需要对多媒体系统进行控制、选择、检索和参与多媒体信息的播放及节目的组织。目前，交互的主要方式是通过观察屏幕的显示信息，利用鼠标、键盘或触摸屏等输入设备对屏幕的信息进行选择，达到人机对话的目的。随着信息处理技术和通信技术的发展，交互方式还有语音输入、网络通信等控制手段。

总而言之，多媒体教学对传统的教学模式产生了一种巨大的冲击，它是对现代教育技术的运用，也是对传统教学方法的补充。

第三节 信息技术在特殊教育中的应用

2019年，《教育部关于实施全国中小学教师信息技术应用能力提升工程2.0的意见》提出："全面促进信息技术与教育教学融合创新发展。"2022年，教育部《"十四五"特殊教育发展提升行动计划》明确提出：推动信息技术与特殊教育进一步深度融合，推进特殊教育智慧校园、智慧课堂建设。特殊教育工作者应抓住时代赋予的机会，将信息技术应用到特殊教育中，由于特殊学生的身体缺陷，信息技术对于特殊学生来说在某种程度上有着更为重要的作用，因此，我们需要大力推广信息技术在特殊教育中的应用。

一、特殊教育信息技术的内涵

教育信息化是指在教育与教学领域的各个方面，在先进的、科学合理的教育思想和教育观念指导下，积极应用信息技术，深入开发、广泛利用信息资源，探索新的有效教育教学模式，培养适应信息社会要求的创新型人才，加速实现教育现代化的系统工程。教育信息化其本质是教育，是将信息作为教育系统的一种基本构成要素，而不是单纯追求技术本身。技术对于信息化十分重要，但技术并不是信息化的一切，它不是信息化的所有内涵。教育信息化以信息技术的发展、信息素养的培养以及人的全面和谐发展为基础。

特殊教育信息化是一个庞大的系统工程。单从教育教学过程来看，特殊教育信息化是信息技术融入特殊教育过程的结果，它包括：多媒体教学的广泛应用，结合特殊学生的特点建立教学内容的结构化、动态化、形象化体系推进教育教学方式的变革；共享优质教育资源，加强交流与沟通，使优质教育资源连成一片信息的海洋，共建共生，不断改善教育环境，使教学活动在很大程度上脱离物理时空的限制，随时随地为特殊学生提供学习条件，逐步普及个性化教学，根据学生的不同性格特点和需求进行教学，持续推进合作化学习，使学生通过合作学习在学习中学会合作。

可见，要想实现特殊教育信息化，必须做到如下四点：一是加强特殊教育信息化支持服务体系的建设；二是积极开展信息技术教育，大力推进信息技术在教学过程中的应用，提高特殊学生信息素养和运用信息技术的能力；三是完善特殊教育优秀教育资源的共建共享；四是加强管理，制定完善特殊教育信息化发展规划与纲要，进一步推进特殊教育信息化的进程。

特殊教育信息化的着眼点应放在最大限度地开发特殊学生的潜能上，尤其是能促进自我终身学习以及自我创新发展的潜能，以此来保障特殊学生享有满足其特殊需要的教育；充分发挥信息技术的优势，为特殊学生学习提供优质的学习环境；使信息技术成为有力的学习工具，进一步提高特殊学生的学习能力和综合素养，为其更好地融入主流社会打下坚实的基础。

二、特殊教育信息技术发展的必要性

随着信息化社会的到来，信息技术对社会产生了重大的影响。知识大爆炸、信息资源剧增，多媒体技术和网络技术被广泛应用并迅速地改变着人们的生活。教育需要针对信息社会的特点做出反应，以迎接信息时代的挑战。一场全球性的教育信息化革命已在教育的各个领域和不同层面迅猛展开。

从20世纪末开始，我国的多个政策文件都提到了教育信息化发展的相关问题，《国家中长期教育改革和发展规划纲要（2010—2020年）》将教育信息化进程纳入国家信息化发展的整体战略，以此促进教育现代化的进程。教育信息化是国家信息化的重要组成部分，对于转变教育思想和观念、深化教育改革提高教育质量和效益、培养创新人才都具有深远意义，是实现教育现代化的必由之路。教育信息化既是教育现代化的具体内容，又是促进教育现代化的重要手段和途径。

"我们生活在信息的海洋中，却忍受着知识的饥渴"是指信息素养或信息能力的缺失，使得我们处于"坐在金山上挨饿"般的尴尬和痛苦之中。同时，在信息的浩瀚海洋中，教育信息化的参与者——教师和学生需要具有高度敏感、自觉的信息观念、信息主体意识和信息主动精神，需要良好的信息心理素质和道德行为，需要了解相关法律所禁止的网络犯罪和不文明行为，等等。为

此，特殊教育师生应当了解信息技术给社会各个领域带来的变化及问题，知道信息技术能做什么，不能做什么。

特殊教育的进步反映了社会文明的进步，一个国家特殊教育的发展实力能够体现一个国家的文明程度。没有特殊教育现代化的教育现代化是不完整的。目前，各种先进的技术手段被越来越多地运用到特殊教育领域。现代信息技术和先进康复设备的运用，既为特殊学生拓宽了发展空间，也改变了其学习行为，还提高了他们的康复水平，加快了他们融入主流社会的步伐，最终将实现特殊教育现代化。特殊教育信息化是改变特殊教育落后局面、促进特殊教育均衡发展和跨越式发展的重要途径。近年来，特殊教育领域教育信息化的快速发展，对特殊学生而言，既是机遇，也是挑战。信息技术为特殊学生开发潜能、弥补缺陷、发挥优势和立足社会提供了非常好的手段和平台，但如果不能把握机会，不具备信息素养，则其生存和发展将面临前所未有的困难。

与普通教育不同的是，信息技术在特殊教育领域的应用不仅包括了在教学方面的应用，而且包括了在生活技能以及职业训练方面的应用。这是由特殊学生的身体缺陷所决定的，他们不仅需要正常的信息技术的辅助，还需要一些额外的特殊的信息技术的辅助。

三、信息技术在特殊教育中的应用理念

2021年12月教育部发布的《"十四五"特殊教育发展提升行动计划》明确提出：鼓励有条件的地方充分应用互联网、云计算、大数据、虚拟现实和人工智能等新技术，推进特殊教育智慧校园、智慧课堂建设；推动残疾儿童青少年相关数据互通共享；开发特殊教育数字化课程教学资源，扩大优质资源覆盖面。而特殊教育最重要的作用就是利用特殊的教材和教法来弥补特殊学生的各种身心缺陷，最大限度地发挥他们的潜能。信息技术教育具有直观性、生动性、互动性的特点，符合特殊学生的身心特点和认知规律，能够调动他们的积极性，甚至改善他们将来的生活质量。由于特殊教育的独特性和特殊学生的差异性，信息技术在特殊教育中应用时必须秉持以下独特的基本理念。

（一）开发潜能，发挥优势

特殊教育学校应注重以学生为本，促进学生潜能开发。建立在"以学生为本"理念和多元智能理论基础上的潜能发展观强调人的发展是不断发掘自身内

在的未开发出来的综合能力的过程，世界上不存在没有潜能的人，只有潜能没有被充分发展和发挥的人。特殊学生也是具有潜能的人，只不过是由于其生理或心理缺陷，潜能未被充分开发出来，而有时过度重视缺陷补偿，会忽视特殊学生的优势发挥。信息技术具有互动性、直观性的特点，为学生充分发挥潜能和优势提供了空间。为特殊学生提供集图形、文字、图像、声音、动画等多种媒体于一体的综合刺激，调动其多种感官参与，促进听障学生的视觉优势充分发挥出来，同时促进特殊学生的潜在能力得到发挥。

（二）补偿缺陷，促进发展

根据康复理论及特殊学生的需要，利用信息技术补偿或代偿学生缺陷的基本方式有以下两种。

1. 着眼于改进特殊学生信息的传输与处理通道

听障学生其发展的最大障碍在于他们在信息的输入、处理、输出的听说环节存在问题。由于信息技术的进步，计算机强大的信息处理功能及其输入和输出装置的多样性和环境适应性都得到了飞速的发展与进步，使其更能适合特殊学生的需要，再加上大量适合特殊学生的软件的开发与应用，所有这些恰好能够或至少部分能够弥补特殊学生信息传输与处理方面的障碍。

2. 着手提高特殊学生的环境控制力

特殊教育的最终目的是要特殊学生回归主流社会，平等参与社会生活。然而特殊学生或多或少都存在着缺陷，这使其控制环境的能力受到局限。特殊学生无法控制环境，也就无法独立生活，不能独立生活，回归主流社会就是空想。幸运的是，如今信息技术的发展使特殊学生的梦想正在成为现实。现代信息技术的智能化可以控制一些小机械、小工具，从而使有严重生理缺陷的人、没有足够力量和精力的人得以利用机器人来满足个人需要、控制环境，如人工智能、适时计算、环境定向、谈话的输入与输出辅助日常生活等。在机能训练方面，如为听力障碍、语言障碍学生配备的发声、说话装置与多媒体计算机连接，使学生进行语言训练的同时及时得到经过处理后的反馈信息（如口形、舌的位置、发音的波谱及其与正常语音波谱的比较），进而提高语言矫治的质量。

（三）个别化教学，整体进步

个别化已成为特殊教育的基本理念，信息技术模式正是基于这一理念而

生。利用网络并结合现代通信技术将远距离的教学环境传递到每一个用户面前，使用户可以自由地选择系统所提供的各种教育服务、课程内容及相应课件与专家教师。同时，用户可以更方便地根据自己的需要和教与学的进度选择相关内容及呈现方式。需要注意的是，信息技术知识的浩渺与特殊学生认知水平的低下是一对不容易协调的矛盾。由于特殊学生学习和掌握信息技术不同于其他学科知识的学习，教师要遵循其身心发展规律，符合其接受能力，循序渐进，逐步提高，切不可操之过急。教师在教学的过程中要注重层次性，针对不同学生制定不同目标和要求。信息技术的交互性和便捷性使得教学省去了板书、摆教具等环节，更便于教师进行个别化教学并提高个别化教学的效率，从而促进整体进步。

（四）提升信息素养和进行终身学习

信息素养是一种基本能力，一种对信息社会的适应能力，也是一种综合能力，它不仅包括利用信息工具和信息资源的能力，还包括选择获取识别信息，加工、处理、传递信息并创造信息的能力。具体来说，它包括信息意识、信息知识、信息能力、信息道德四个要素，这四个要素共同构成了一个不可分割的整体：意识是先导，知识是基础，能力是核心，道德是保证。提升信息素养和进行终身学习是针对教师和学生而言的，既有对特殊教育学校教师的要求，也有对特殊学生的要求。

（五）注重交流合作，营造良好的信息环境

信息技术教育中的交流包含两层含义：其一是教学活动本身所进行的交流；其二是基于信息社会所涉及的交流的模式、内容、方法、途径、效率等多方面内容。信息技术教育中的合作是一种教育意义上的合作，教学过程中鼓励更多的是伙伴关系、合作学习与研究，而不是单纯的竞争关系、孤立学习与研究。信息技术教育要实现交流与合作，其前提条件是要鼓励学生积极表达，使得每名学生都成为信息活动的主体。多媒体计算机的交互性能够有效地激发学生学习兴趣和充分发挥学生的主体作用。在教学过程中，学生才是学习的主体，只有发挥主动性、积极性，才能获得有效的认知，真正体现出学生的主体作用。

听障语文课程概述

　　课程标准是课程改革的纲领性文件，是教材编写、课堂教学、考试命题、评价评估的重要依据。教育部于2016年12月正式发布了《聋校义务教育课程标准（2016年版）》。这是我国第一次专门为听障学生制定的一整套系统的学习标准，是对我国多年来听障教育发展和教育教学改革经验的总结，是对当前及今后一个时期内我国听障教育教学改革的顶层设计，对于进一步提升听障教育质量、办好听障教育、促进教育公平具有特殊的重要意义。

　　《聋校义务教育课程标准（2016年版）》规定了聋校义务教育课程的性质、目标和主要内容，明确了不同阶段听障学生在知识与技能、过程与方法、情感态度与价值观等方面的基本要求，提出了教学、评价和实施建议。因此，必须对听障语文课程进行深入学习领会，准确把握《聋校义务教育课程标准（2016年版）》的新理念、新思想和新要求，才能在遵循残疾学生身心特点和学习发展规律的基础上把听障语文课程与信息技术进行深度融合，并及时调整教学观念和教学方式，合理把握教学容量和难度要求，突出潜能开发和功能补偿，促进听障学生全面发展。

第一节　听障语文课程的地位和性质

一、听障语文课程地位

　　语言文字是人类最重要的交际工具和信息载体，是人类文化的重要组成部分。语言文字的运用包括生活、工作和学习中的听说读写以及文学活动，存在于人类社会的各个领域之中。当今世界，经济全球化趋势日渐增强，现代科学和信息技术迅猛发展，新的交流媒介不断出现，给社会语言生活带来巨大变化，对中华民族优秀传统文化的继承及对语言文字运用的规范带来新的挑战。时代的进步要求人们具有开阔的视野、开放的心态和创新的思维，对人们的语言文字运用能力和文化选择能力提出了更高的要求。

　　听觉障碍给听障学生学习和运用语言文字、了解人类文化以及参与社会生活带来了严重影响。听障语文课程应坚持育人为本的理念，践行社会主义核心价值观，把握语文教育和听障学生身心发展的特点和规律，致力于培养听障学生的语言文字的理解和运用能力，提升听障学生的综合素养，为其学好其他课程打下基础；为听障学生形成正确的世界观、人生观、价值观，形成良好个性和健全人格打下基础；为听障学生的全面学习和终身发展打下基础。语文课程对继承和弘扬中华民族优秀文化传统和革命传统，增强民族文化认同感，增强民族凝聚力和创造力，培养爱国主义精神，具有不可替代的优势。听障语文课程的多重功能和奠基作用，决定了其在聋校义务教育中的重要地位。

二、听障语文课程性质

　　语文是听、说、读、写、译等能力和语言知识及文化知识的统称。语文课程是一门学习语言文字运用的综合性实践性课程，具有工具性与人文性统一的基本特点，同时具有基础性、普及性、系统性和应用性等学科特性。聋校义务教育阶段的语文课程是培养听障学生基本语文素养的基础课程，使听障学生初步学会运用祖国语言文字进行交流沟通，吸收古今中外优秀文化，提高思想文化修养，培养听障学生自尊、自信、自强、自立的精神。

听觉障碍严重影响了听障学生的语言发展，也给听障学生学习带来了困难。为了发挥听障学生的视觉认知优势，首先，我们借助网络及信息技术，变革教学内容呈现方式——利用数字化平台和数字化资源，师生之间开展讨论、合作学习，并以探究知识、发现知识、创造知识、展示知识的方式进行学习；其次，变革学生的学习方式——应用信息技术开展学科教学，有利于自主探究、分层教学、个别化学习、合作学习；再次，变革教师教学方式——教师从讲解者变为设计者、组织者、引导者、解疑者、共同探究者；最后，变革师生互动方式——应用信息技术与课程整合能改善以往的知识运送单向模式，从"教师主动、学生被动"模式变为"师生和谐、平等"模式。因此，只有将信息技术与听障语文课程教学深度融合，才能更好地完成听障语文课程的教学，发挥其重要作用。

第二节　听障语文课程的基本理念

一、全面提高听障学生的语文素养

听障语文课程要面向聋校全体学生，使每名听障学生都能够获得基本的语文素养，促进听障学生全面、主动、有个性的发展。听障语文课程要关注听障学生的情感体验，激发他们学习语文的兴趣，帮助他们形成学习的自信心并获得成就感，培养听障学生热爱祖国文字的思想感情。听障语文课程要引领听障学生丰富语言积累，培养语感，发展思维，初步掌握学习语文的基本方法，养成良好的学习习惯，逐步形成适应实际生活需要的识字写字能力、阅读能力、写作能力和沟通交往能力，为他们融入社会以及终身学习与发展奠定坚实的基础。听障语文课程还应通过优秀文化的熏陶感染，使听障学生提高思想道德修养和审美情趣，形成良好的个性和健全的人格。

二、正确把握听障语文教育的特点

听障语文课程丰富的人文内涵对听障学生精神世界的影响是广泛而深刻的，学生对语文材料的感受和理解又往往是多元的。因此，我们应该重视听障语文课程对听障学生思想情感所起到的熏陶感染作用，注意课程内容的价值取向，有机融入社会主义核心价值观的内容和要求，继承和发扬中华优秀文化传统和革命传统，弘扬以爱国主义为核心的民族精神和以改革创新为核心的时代精神，引领学生树立中国特色社会主义共同理想，培养良好思想道德风尚，同时要尊重听障学生在语文学习过程中的独特体验。听障语文课程是实践性课程，应着重培养听障学生的语文实践能力，而培养这种能力的主要途径是理解、运用语言文字的语文实践。观察、体验、操作是听障学生获得外部信息、提升认知能力的重要途径和手段。听障语文课程应注重认真观察、亲身体验、动手操作的过程，应该让听障学生多读多写，日积月累，在语文实践中学习语文，掌握语文学习的基本方法和语言运用的基本规律。听障语文课程应特别关注汉语言文字的特点对听障学生识字写字、阅读、写作、语言交往和思维发展等方面的影响，在教学中尤其要重视培养其良好的语感和整体把握的能力。

三、积极推进差异性教学

听障语文课程的实施必须遵循因材施教的原则，鼓励教师在教学实践中创造性地使用教材，增强教学的针对性和有效性。

四、努力建设开放而有活力的听障语文课程

听障语文课程的建设应继承我国语文教育的优良传统，注重读书、积累和感悟，注重整体把握和熏陶感染；应密切关注现代社会发展的需要，拓宽语文学习和运用的领域，使听障学生初步养成现代社会所需要的语文素养。听障语文课程应该是开放而富有创新活力的。为适应社会发展需要，聋校应确定适合的课程目标和课程内容，开发与之相适应的课程资源，形成相对稳定而又灵活的实施机制，不断地自我调节、更新发展。

第三节 听障语文课程的总目标

聋校义务教育阶段语文课程总目标从知识与能力、过程与方法、情感态度与价值观三个方面进行教学设计。三者相互渗透，融为一体，总目标着眼于语文素养的整体提高。

一是学习汉语拼音。认识3000个左右常用汉字。能正确工整地书写汉字，并有一定的书写速度。

二是能调动自己的潜能，在提高语言能力的同时，发展思维能力，学习科学的思维方法，逐步养成实事求是、崇尚真知的科学态度。

三是能主动进行探究性学习，激发想象力和创造潜能，在实践中学习和运用语文。

四是初步具有独立阅读的能力，学习多种阅读方法。有较多的语言积累和良好的语感，注重情感体验，发展感受和理解的能力。能阅读日常的书报杂志，浏览网页等。初步欣赏文学作品，丰富自己的精神世界。背诵优秀诗文150篇（段）。九年课外阅读总量不少于215万字。

五是能根据日常生活需要，运用常见的写作方式，能表达自己的见闻、体验和想法，做到内容明确、具体，语句通顺。

六是能选择比较适合的沟通方式，文明、主动地进行人际沟通和社会交往。了解口语、书面语与手语表达方式上的异同和进行转换的方法，不断提高人际沟通和融入社会的能力。

七是学会使用常用的语文工具书，初步具备收集和处理信息的能力，积极尝试运用新技术和多种媒体学习语文。

八是在语文学习的过程中，培养热爱祖国、热爱人民、热爱中国共产党的思想感情，培养集体主义精神和法治意识，培养创新、合作的精神和诚信、友善的品格，发展个性，逐步形成健康的审美情趣和正确的世界观、人生观和价值观。

九是认识中华民族文化的深厚博大，汲取民族文化智慧，弘扬民族精神。关心当代文化生活，吸收人类优秀文化的营养，提高文化品位。

十是培育热爱祖国文字的情感，增强学习语文的自信心。养成良好的语文学习习惯，初步掌握学习语文的基本方法。

以上十点，不是互相独立和割裂的，而是一个密切联系、互相交融的有机整体，分别从识字与写字、阅读、习作、语言交往、综合性学习五个部分开展教学，使听障学生获得适应社会生活和进一步发展所必需的语言基本知识、基本技能和基本思想。因此，在课程设计和教学活动中，教师应同时兼顾课程的知识与技能、过程方法、情感态度与价值观，发挥语文学科的育人功能。而这些目标的整体实现，对听障学生的全面发展有着重要的指导作用，也是检验教师实施听障语文教学方法手段及教学效果的标准。

第四节 听障语文课程的教学建议

一、充分发挥师生双方在教学中的主动性和创造性

听障语文教学应在师生平等对话的过程中进行。听障学生是语文学习的主体，听障语文教学应激发听障学生的学习兴趣，注重培养听障学生自主学习的意识和习惯，为听障学生创设良好的自主学习的情境。接受性学习与自主、合作、探究性学习方式相辅相成。教师应尊重听障学生的个体差异，引导和鼓励听障学生选择适合自己的学习方式；树立适应社会发展和满足听障学生特殊教育需要的语文教育观念，注重吸收新知识，不断提高自身综合素养；认真钻研教材，正确理解、把握教材内容，创造性地使用教材；积极开发、合理利用课程资源，灵活运用多种教学策略和现代教育技术，努力探索网络环境下新的教学方式；精心设计和组织教学活动，注重启发式、讨论式教学，启迪听障学生智慧，提高听障语文教学质量。

二、教学中努力体现语文的实践性和综合性

教师应努力改进课堂教学，整体考虑知识与能力、过程与方法、情感态度与价值观的综合，注重看（听）说读写之间的有机联系，加强教学内容的整合，统筹安排教学活动，促进听障学生语文素养的整体提高；重视听障学生读书、写作、语言交往、收集处理信息等语文实践，提倡多读多写，改变机械、粗糙、烦琐的作业方式，让听障学生在语文实践中学习语文，学会学习；善于通过专题学习等方式，沟通课堂内外，沟通看（听）说读写，增加听障学生语文实践的机会；充分利用学校、家庭和社区等教育资源，开展综合性学习活动，拓宽听障学生的学习空间。

三、重视情感、态度、价值观的正确导向

在听障语文教学过程中，教师应重视培养听障学生正确的思想观念、高尚的道德情操、强烈的责任感、科学的思维方式、健康的审美情趣和自立自强的人生态度；应该根据语文学科的特点，注重熏陶感染、潜移默化，把情感、态度、价值观的培养与引导听障学生克服听力障碍带来的困难、掌握学习方法、提高语文能力的过程融为一体。

四、重视培养听障学生的创新精神和实践能力

听障语文教学要注重语言的积累、感悟和运用，注重基本技能训练，让听障学生打下良好的语文基础；尤其要注重激发听障学生的好奇心、求知欲，发展听障学生的思维，培养其想象力，开发其潜能，提高听障学生发现、分析和解决问题的能力，提高其语文综合应用能力。

五、依据听障学生语言习得的特点进行教学

听障语文教学应在有内容的活动中进行，并结合听障学生已有的生活经验和语文积累，借助具体的、直观的事物，充分利用听障学生视觉观察的优势，帮助听障学生理解和运用语言文字；根据听障学生语言形成的特点，合理运用不同的语言沟通手段和教学方式，加强对听障学生手语与书面语表达方式的分析和转换能力的指导，加强对听障学生阅读能力和表达能力的培养，使每个听障学生的语言能力都不断得到提高。

信息技术与课程整合概论

随着信息时代科技的飞速发展，以多媒体和网络通信技术为核心的现代信息技术将中国的教育改革带入了一个崭新的阶段，新课程标准的出台，更关注学生的学习过程，目的是让学生在此过程中不再一味地接受，要让学生在积极参与学习活动的过程中主动建构自己的知识体系，学会认知世界的途径，掌握解决问题的方法，形成正确的情感态度与价值观。在这一理念的指导下，教师要对教学模式、教学方法、教学技术有进一步的研究，要将信息技术与课程进行有机整合。整合是指运用系统科学的基本原理，将两种或两种以上性质不同但有关联的事物，通过动态组合的方式融为一个整体的理论与实践。信息技术与课程整合是指在课程教学过程中把信息技术、信息资源、信息方法等和课程内容有机结合，共同完成课程教学任务的一种新型教学方式。信息技术与课程整合的实质是要学生学会进行数字化学习。数字化学习是指学生在数字化的学习环境中利用数字化信息资源，以数字化方式进行学习的过程。它包括三个基本要素，即数字化学习环境、数字化学习资源和数字化学习方式。

第一节　当前我国信息技术与课程整合存在的主要问题

信息技术与课程整合的教学模式是我国面向21世纪基础教育教学改革的新试点，信息技术与课程整合是教育面向现代化不可阻挡的趋势。随着教育改革的深入发展和学校教育信息化环境的形成与不断完善，中小学各学科的教学都将利用信息技术作为教学手段来提高教学效率和教学质量。目前，信息技术与课程整合的实践教学虽然已取得了一些成绩和经验，但也存在不少问题。何克抗教授在《信息技术与课程深层次整合理论：有效实现信息技术与学科教学深度融合》（第2版）一书中提道：尽管信息技术与课程整合（也称信息技术与各学科教学的整合）在我国已开展多年，但迄今为止，广大中小学教师（乃至整个教育界）仍对"信息技术与课程整合"存在种种片面甚至是错误的认识。例如，有少数教师至今还把信息技术与课程整合看作一种时尚，不清楚实施信息技术与课程整合是为了什么，只是因为大家都在应用信息技术，或者是上级号召应用信息技术而不得不应用。还有不少教师只把信息技术与课程整合仅仅看作现代化教学的一种工具、手段或更有效的学习信息技术的一种方式，如有人认为"信息技术与课程整合就是要把信息技术课程与其他学科课程融合在一起（要实现两门课程之间的融合），以便在学习其他学科课程的同时能更有效地学习信息技术"，这种观点显然是不了解信息技术与课程整合的内涵实质。更多的教师则是把信息技术与课程整合与计算机辅助教学完全等同起来，认为只要在课堂上运用了多媒体或是课件就是在进行信息技术与课程的整合。这种看法不仅反映出广大教师对信息技术与课程整合的内涵实质缺乏了解，也表明他们对于实施信息技术与课程整合的途径与方法还只是一知半解，甚至根本没有掌握。

总的来说，当前我国信息技术与课程主要存在以下五方面问题。

一、教师不能主动适应现代教育的要求

部分教师缺乏现代教育意识和教育改革的热情，使用多媒体计算机及教学软件的能力都很有限，不能很好地将多媒体计算机辅助教学方式融入课堂教学。还有许多教师未充分认识到信息技术与课程整合的重要意义及其所产生的影响。

二、对"信息技术与课程整合"的认识不足

"信息技术与课程整合"是目前中小学教育技术应用的热点问题。但许多教师对教育技术的认识只是停留在信息技术在教育中的应用，即以计算机为代表的信息技术与学科教学的整合。人们通常把信息技术与课程整合分为三种形式，即信息技术作为学习对象、信息技术作为教学工具和信息技术作为学习工具。这种认识在一定程度上促进了教育技术在中小学的广泛应用，但事实上作为解决教育教学实践活动中存在问题的教育技术，"信息技术与课程整合"的内容不仅仅是这三种形式。

三、过分强调使用多媒体教学而否定传统的教学工具

多媒体课件在教育教学过程中起到了很好的辅助效果，但也出现了个别教师完全抛弃传统教学工具的现象，一节课下来，有的教师根本没动粉笔，有的只是在黑板上写下课题，一节课完全是围绕多媒体课件展开的。

四、不重视信息技术与学科整合的实用价值

信息技术与学科整合实际上并非技术含量越高越好，重要的是它的"实用价值"。因此，"实用价值"是信息技术与学科整合的基石。

五、过分依赖信息技术而忽视学生的主体地位

学科整合过程强调突出学生的主体地位。有些教师在理解上出现偏差，总是认为课堂气氛越活跃越好。因此，当制作的多媒体课件较为新颖，内容看似

丰富多彩时，学生并没有积极思考，只是看热闹，成为课堂上的旁观者。

凡此种种，都是基于信息技术与课程整合的错误或者是片面的认识。归纳起来，这些错误或片面的认识涉及以下三个方面：

一是对"信息技术与课程整合"的目标（意义）不清楚——不清楚为什么要整合。

二是对"信息技术与课程整合"的内涵（实质）不了解——不了解什么是整合。

三是对"信息技术与课程整合"的方法（途径）不掌握——不知道如何进行整合。

因此，何克抗教授明确表明：任何一种关于信息技术与课程整合的理论都必须能够对上述三个方面的问题做出科学的回答，并要能够经得起各级各类学校教学实践的检验，尤其是想要达到深层次整合的要求，就更要能经得起这种检验。

第二节　信息技术与课程整合的目标

要阐明信息技术与课程整合的目标（意义），需要先了解国际上有关信息技术教育应用的发展状况。

一、信息技术教育应用发展概况

众所周知，自1959年美国IBM公司研究出第一个计算机辅助教学系统以来，信息技术教育应用在发达国家大体经历了三个发展阶段。

（一）CAI阶段

CAI（Computer Assisted Instruction，计算机辅助教学）阶段是从20世纪60年代初至80年代中期。CAI主要是利用计算机的快速运算、图形动画和仿真等功能辅助教师解决教学中的某些重点、难点问题。CAI课件大多以演示为主，这是信息技术教育应用的第一个发展阶段。在这一阶段，人们一般只提计算机教育（计算机文化），还没有提出信息技术教育的概念。

（二）CAL阶段

CAL（Computer Assisted Learning，计算机辅助学习）阶段是从20世纪80年代中期至90年代中期。此阶段计算机的教育应用逐步从辅助教为主转向辅助学为主，也就是强调如何利用计算机作为辅助学生自主学习的工具。例如，让学生利用计算机收集资料、辅导答疑、进行自我测试，以及辅助学生安排学习计划等，即不仅用计算机辅助教师的教，更强调用计算机辅助学生自主地学。这是信息技术教育应用的第二个发展阶段。在这一阶段，计算机教育和信息技术教育两种概念同时并存。

（三）IITC阶段

IITC（Integrating Information Technology into the Curriculum，信息技术与课程

整合）阶段是20世纪90年代中期至今。IITC是国际教育界非常关注、非常重视的一个研究课题，也是自信息技术教育应用进入第三个发展阶段后信息技术应用于教学过程的主要模式。在这一阶段，原来的计算机教育与计算机文化的概念已完全被信息技术教育与信息文化的概念所取代。

二、信息技术与课程整合的目标

信息技术与课程整合，不是把信息技术仅仅作为辅助教或辅助学的工具，而是强调要利用信息技术来营造一种信息化的教学环境，该环境应能支持情境创设、启发思考、信息获取、资源共享、多重交互、自主探究、协作学习等多方面要求的教学方式与学习方式——也就是实现一种既能发挥教师主导作用又能充分体现学生主体地位的以"自主、探究、合作"为特征的教与学方式（这正是我国基础教育新课程改革所要求的教与学方式），这样就可以把学生的主动性、积极性乃至创造性较充分地发挥出来，使传统的以教师为中心的课堂教学结构发生根本性变革。教学结构是指在一定的教育思想、教学理论和学习理论指导下，在一定的环境中展开的教学活动进程的稳定结构形式，是教学系统四个要素（教师、学生、教学媒体、教学内容）相互联系、相互作用的具体体现。显然，教学结构变革的主要标志是师生关系与师生地位的改变，只有发生有利于体现学生主体地位的这种改变，才能使学生的创新精神与实践能力的培养真正落到实处，这正是我们的素质教育目标所要求的（1999年第三次全教会明确指出，我们必须贯彻"以培养学生的创新精神与实践能力为重点的素质教育"）。西方发达国家，尤其是美国则把信息技术与课程整合看作培养21世纪人才的根本措施，而21世纪人才的核心素质则是创新精神与合作精神。这说明不论在我国还是在西方发达国家，都是把信息技术与课程整合看作培养创新人才的重要途径乃至根本措施。可见，信息技术与课程整合所要达到的目标就是要落实大批创新人才的培养。这既是我国素质教育的主要目标，也是当今世界各国进行新一轮教育改革的主要目标，这正是西方发达国家之所以大力倡导与推进信息技术与课程整合的原因所在。我们只有站在这样的高度来认识信息技术与课程整合的目标，才能深刻领会信息技术与课程整合的重大意义和深远影响，才能真正弄清楚为什么要开展信息技术与学科教学的整合。

第三节　信息技术与课程整合的内涵

目前，有关论述信息技术与课程整合的文章与论著汗牛充栋，但是关于信息技术与课程整合的定义与内涵却一直缺乏较有深度的研究，因而这方面至今没有一个公认的权威说法。信息技术与课程整合涉及成千上万名教师的教学实践，长此下去必将使广大教师无所适从，不知道该如何认识与理解信息技术与学科教学的整合；对于整合的内涵实质尚且缺乏了解，又怎么可能找到实施整合的有效方法（更不用说深层次的整合了）！由此造成的严重后果及损失可想而知。为了尽快打破这种局面，显然需要有一个关于信息技术与课程整合的科学认识。通过以上对"信息技术与课程整合的目标"的分析过程可以看到，我们对整合目标的确定，首先是从分析信息技术与课程整合的性质、功能入手，在把握信息技术与课程整合本质特征的基础上再自然地（而非人为地）导出其目标。因此，只要稍加提炼与加工，我们就能从上述关于整合目标的分析过程中引申出关于信息技术与课程整合的定义或内涵。经过认真研究，我们认为这一定义或内涵可以表述为：所谓信息技术与课程整合，就是通过将信息技术有效地融合于各学科的教学过程来营造一种信息化教学环境，实现一种既能发挥教师主导作用又能充分体现学生主体地位的以"自主、探究、合作"为特征的教与学方式，从而把学生的主动性、积极性、创造性较充分地发挥出来，使传统的以教师为中心的课堂教学结构发生根本性变革，由教师为中心的教学结构转变为"主导—主体相结合"的教学结构（也称"主导—主体型教学结构"）。

由这一定义可见，它包含三个基本属性：营造信息化教学环境、实现新型教与学方式、变革传统教学结构。何克抗教授认为，只有从这三个基本属性，特别是从变革传统教学结构这一属性去理解"整合"的内涵，才能真正把握信息技术与课程整合的实质。应当指出的是，这三个属性并非平行并列的关系，

而是逐步递进的关系。信息化教学环境的营造是为了支持新型教与学方式，新型教与学方式是为了变革传统教学结构（所谓教学结构，是指在一定的教育思想、教学理论、学习理论指导下的，在某种环境中展开的教学活动进程的稳定结构形式，是教师、学生、教学媒体、教学内容四个教学系统要素中相互联系、相互作用的具体体现），变革传统教学结构则是为了最终达到创新精神与实践能力培养的目标（创新人才培养的目标）。

由于"环境"这一概念含义较广（凡是教学过程主体以外的一切人力因素与非人力因素都属于教学环境的范畴），就信息技术在教育领域的应用而言，上述定义的内涵与把计算机作为核心的信息技术仅仅看成工具、手段的CAI或CAL相比，显然要更深、更广，其实际意义也要重大得多。

众所周知，CAI主要是对教学方法与教学手段的改变（涉及教学环境和教学方式），但它基本上没有体现新的学习方式，更没有改变教学结构（如CAI对师生之间的关系、师生之间的地位与作用基本没有影响），所以它和信息技术与课程整合之间绝不能画等号。当然，课程整合过程中有时候也要用到CAI，它不仅用于辅助教师的教，也用于促进学生的自主学习，所以"整合"并不排斥CAI。不过，整合过程中运用CAI课件更多的是把它作为促进学生自主学习的认知工具与协作交流工具，即把它作为创建"主导—主体相结合"教学结构的一种手段，这种场合的CAI只是整合过程（信息技术应用于教学的全过程）中的一个环节、一个局部；而传统的以教师为中心的计算机辅助教学，其唯一的目的就是把CAI课件作为辅助教师突破教学中重点与难点的直观教具、演示教具，这种场合的CAI是信息技术应用于教学的全部内容（而不是其中的一个局部或环节）。可见，这两种场合的CAI课件运用，不论从其应用的目的，还是从其应用的方式上看，都是不一样的。

从目前全球的发展趋势来看，信息技术教育应用正在日渐深入地进入第三个发展阶段，即信息技术与课程整合的阶段。由以上分析可见，在进入这个阶段以后，信息技术就不再仅仅是辅助教或辅助学的工具、手段，而是要通过信息化教学环境的营造和新型教与学方式的创设，使传统的以教师为中心的教学结构转变为"主导—主体相结合"的教学结构，从而使培养创新精神与实践能力的目标（培养大批创新人才的目标）真正落到实处。正因为如此，大力倡导与推进信息技术与课程整合，在当前已经成为全球教育改革的总趋势与不可逆转的潮流。

第四节　信息技术与课程整合的理论与方法

在借鉴国外先进经验的基础上，结合国内多年的教改实践探索，我国学者针对信息技术与课程整合探索出一套比较系统、完整且具有中国特色的理论与方法。这一理论力图全面、科学地回答有关整合的三个基本问题，即整合的目标问题、整合的内涵问题和整合的方法问题。对第一个问题的回答是直接引用了美国教育技术CEO论坛第3个年度报告的观点；对第二、第三个问题的回答则是在借鉴该年度报告的观点和吸纳罗布耶专著的经验与教训的基础上，结合我国的国情和我们自己多年从事教改实践的经验，加以补充、深化与拓展而成。有效整合的方法，必须在对整合的内涵有科学认识的基础上才有可能形成。尽管我们对整合内涵与本质的认识源于西方的观点（从营造信息化教学环境的角度来理解整合），但我们结合中国国情和自己多年的实践经验补充、深化并拓展了这一观点。换句话说，我们对于整合的内涵与实质有着更为切合实际的深刻认识，因而完全有可能在此基础上提出我们自己的有效整合乃至深层次整合的独特途径与方法。

由于"教无定法"，谁也不可能提出一套适合所有学科的"包医百病"的整合方法。但是不同学科要实现与信息技术的整合都需要信息技术环境的支持，因而它们需要遵循共同的指导思想与实施原则。只要掌握了这种指导思想与实施原则，各学科的教师就完全可以"八仙过海，各显神通"，在教学实践中结合相应的学科创造出多种多样、实用有效的整合模式与整合方法来。从这个意义上说，各学科的整合都应遵循的共同指导思想与实施原则，也未尝不可以看作一种宏观的实施方法或途径。以下五条就是我们经过多年的整合实践和深入思考而形成的、关于各学科的信息技术与课程整合都必须遵循的指导思想

与实施原则，这也是我们为广大教师开出的实施深层次整合的"处方"，即实现信息技术与课程深层次整合的基本途径与方法。

一、要运用先进教育理论来指导"整合"

信息技术与课程整合的过程绝不仅仅是现代信息技术手段的运用过程，还必将伴随教育、教学领域的一场深刻变革。换句话说，整合的过程就是教育深化改革的过程。既然是改革，就必须有先进的理论作为指导，没有理论指导的实践是盲目的实践，将会事倍功半甚至徒劳无功，如人权理论、学习理论等，这些理论共同构成了教育技术学的理论基础。信息技术在特殊教育中的应用既需要结合教育技术学的理论基础，也需要考虑特殊学生的康复需要和发展特点。

（一）深层次整合理论

深层次整合理论是在批判继承目前西方"信息技术与课程整合"理论的基础上，由北京师范大学自主创立的、能够实现课堂教学结构根本性变革的，也就是能实现信息技术与各学科教学"深度融合"的理论。实际上，这也是支持中小学各个学科深化教学改革、大幅提升各学科教学质量与学生综合素质的核心理论。这种"深层次整合理论"不仅对"整合"的基本内容和"整合"的具体目标与最终目标作出了科学的阐述，还深刻地揭示了"教学环境"（学习环境）、"教与学方式"、"教学结构"和"创新能力培养"等几个极为重要的教学因素之间内在的有机联系。

（二）人权理论

人权理论保障特殊学生享受信息技术的权利。人权是指在一定的社会历史条件下，每个人所享有的基本权利。"整个人类的历史不过是一部人要成其为人本身的历史。"人权理论认为，人人生而平等，人人都有自己神圣的、不可被剥夺的、不被侵犯的权利，如生存权、人身自由权等。人权是为了实现人类的尊严与价值，承认人权、尊重人权、保护人权已成为人类的共同信念。自20世纪70年代以来，争取教育权利的平等和使每个特殊儿童的教育需要获得满足已成为特殊教育发展的主流。在此潮流中，信息技术在特殊教育中的应用给人们带来了新的希望。人们把它当作实现特殊教育目的和使特殊学生获得受教育权的重要手段。

（三）建构主义学习理论

建构主义是20世纪80年代兴起于西方的一种全新的学习理论，其核心理念正如冯·格拉塞斯费尔德所说的，"知识不是被动接受的，而是由认知主体建构的"。其基本观点为，知识并非主体对客体现实的、被动的、镜面式的反映，而是一个主动的建构过程。知识不是通过教师传授得到的，而是学习者在一定的情境即社会文化背景下，借助其他人（包括教师和学习伙伴）的帮助，利用必要的学习资料，通过意义建构的方式而获得的。在这个过程中，教师在教学中的角色也要发生变化，要由知识的传授者、灌输者转变为学生主动建构知识的帮助者、引导者和促进者。教学过程也相应地发生了变化，教师在教学过程中要运用全新的教育理念与教学模式、灵活多变的教学方法和新颖的教学设计。

特殊学生在身体或者心理上存在发展障碍，因此，他们的思维方式与普通学生有所区别，在知识建构上有其独特之处。特殊教育教师基本上都是普通人，在对特殊学生授课的过程中或多或少是以正常思维进行的，比较不利于学生的知识建构。建构主义以"学生为中心"的教学学习理论，在很大程度上化解了这个不利因素。建构主义强调"情境"。利用信息技术可视化、交互性的特点可以为特殊学生创设生动、直观、形象的学习情境。教师可以在教学过程中加强对特殊学生的"协作"训练和"会话"训练，提高他们的协作意识和团队合作能力，增加他们之间的交流和彼此之间的了解，同时，这有利于培养特殊学生的合作精神及独立性。

（四）人本主义学习理论

人本主义学习理论强调学习应以"人"为核心，关注人的整体性，要让学生自由发展。这里的"自由"不是把现成的知识直接传递给学生，而是把学习的主动权还给学生，让学生成为学习的主人：在教学原则上，主张教师以真诚的态度坦诚对待学生，尊重和理解学生的内心世界；在师生关系上，主张不应该是不平等的权威与依赖者之间的关系，而应该是师生双方参与、双向沟通和平等互助的关系；在教学方面，主张以学生为中心，教师的全部责任就是帮助学生理解经常变化着的环境和自己，最大限度地发展学生的潜能。可见，人本主义学习理论特别强调学习过程中的情感因素、动机因素、人际关系和沟通的作用。

特殊学生由于障碍类型和程度不同，个体间的认知存在显著差异，教师在教育教学过程中应注意"以人为本"，照顾学生的个体差异，利用各种信息技术为学生创造充分发展的空间，帮助其实现个性发展。同时，教师应以真诚的态度面对学生和家长，在教学过程中利用多媒体技术和网络实现互动和双向沟通，真心、耐心、细心地帮助特殊学生学习和康复。人本主义强调以人为中心，提倡学生进行自主学习，这些观点与信息化社会所建构的新的学习方式相一致。

（五）传播理论

人类对传播理论的研究始于20世纪，研究内容从原来新闻学研究的"新闻传播"转移到"信息传播"，主要探讨自然界所有信息传播活动的共同规律。传播一词译自英语communication，也译为交流、沟通、传播等。现在一般把传播看作特定的个体或群体，即传播者或接受传播者借助一定的媒体形式实现信息的传递和交流，目的是实现有效的沟通。

传播是由传播者运用适当的媒体，采用一定的形式向接受者进行信息传播和交流的一种社会活动。按照传播内容的不同，传播可分为新闻传播、教育传播、经济传播、娱乐传播、科技传播和服务传播等。教育传播是教育者按照一定的目的和要求，选择合适的信息内容，通过有效的媒体通道，把知识、技能、思想、观念等传递给特定对象的一种活动，是教育者和受教育者之间的信息交流活动。

在当今教育传播活动中，信息技术起着重要作用。随着信息技术的快速发展，以多媒体、网络为代表的现代信息技术已成为教学传播活动中重要的媒介。就目前特殊教育学校来说需要注意到，信息是一个双向的传播，既有教师传递给学生的知识，也有学生传递给教师的需要及反馈。教师在信息传播的过程中应注意学生的需要和特点，在传播技能方面应考虑学生的接受能力，在态度方面应给予学生鼓励，同时需要注意学生家庭背景的差异，保证师生间、学生间、家校间沟通顺畅，促进特殊学生的康复发展。同时，教师要从学习内容出发，分析其适合通过哪种感官通道传递给学生，以便选择合适的教学媒体。

（六）康复理论

我国特殊教育飞速发展，在吸收借鉴古今中外的科研成果的基础上，建立了康复理论。康复是特殊教育学校在运用信息技术方面有别于普通学校的重要特点。康复理论比较广泛，包括传统康复理论（如反射控制理论、阶段控制理论、系统控制理论）、现代医学理论和整体康复理论等。康复理论是特殊教育中非常重要的一个理论，该理论认为："任何人在一个方面出现缺欠，都将会在另外一个或几个方面得到补偿。"

因此，教师在利用信息技术手段进行教学时应该特别注意体现补偿性原则。在听障语文教学中，教师可以较多地运用表现实景的影音文件以及生动、略带夸张的动画和丰富多彩的图片，形象、真实地突出教学的重点和难点；在教学过程中对于那些不能用语言（手语）表达清楚而又非常重要的知识点，可以利用教学软件等手段来完成，这既避免了烦琐教学语言重复无效的使用，又使学生利用视觉直观地获得了所学内容的信息，从感性上对新知识有了认识，以此攻克语言障碍这一难点。

二、要紧紧围绕"主导—主体型教学结构"的创建来进行"整合"

上文在介绍信息技术与课程整合的定义与内涵时提到，"整合"的实质与落脚点是变革传统的教学结构——改变以教师为中心的教学结构，创建新型的、既能发挥教师主导作用又能充分体现学生主体地位的"主导—主体相结合"教学结构。既然如此，信息技术与课程整合必须紧紧围绕新型教学结构的创建来进行，才有可能达到有效培养创新人才的目标，取得"整合"的实质性成效；否则将会迷失"整合"的方向——把一场深刻、复杂的教育革命（教学过程的深化改革）变成简单、机械的技术手段运用与操作。这样的整合是没有意义的。事实上，现在许多被称作典型或示范的"整合课"，其实大多都是信息技术能力学习课，或者只是运用了某种信息技术的课。尽管这类课对于突破教学中某些重点、难点有一定的帮助，但是对于学生创新精神与创新能力培养的作用不大，因为这样的"整合课"完全没有触及课堂教学结构问题，传统的师生关系、师生地位和作用无以改变，学生的主动性、积极性（更不用说创造性）也就难以充分发挥，所以，这样的"整合课"充其量就是一种浅层次的整合，而非深层次的整合。

教学结构是教学系统四个要素（教师、学生、教学媒体、教学内容）相互联系、相互作用的具体体现，因此，如果想要围绕新型教学结构的创建这一实

质来整合，教师就必须在进行信息技术与课程整合的过程中，密切关注教学系统四个要素的地位与作用——看看通过自己的整合，这四个要素的地位、作用与传统教学结构相比发生了什么改变，改变的程度有多大，哪些要素改变了，哪些还没有，原因在哪里。只有紧紧围绕这些问题进行认真分析，并采取相应的措施，才能实现有效的、深层次的整合。事实上，这也是衡量整合效果与整合层次的主要依据。

三、要运用"学教并重"教学设计理论进行"整合"课的教学设计

"主导—主体型教学结构"的创建要通过相关的教学模式来实现。能实现新型教学结构的教学模式有很多，它们因学科和教学单元而异，还与课堂上的技术支撑环境（多媒体、网络、仿真实验等）以及所选择的教学策略、方法有关。可见，采用什么样的教学模式来实现"主导—主体型教学结构"，绝不是一个简单的问题，其实质与关键是教学设计，而且是信息化环境下的教学设计，即涉及信息技术与课程整合课的教学设计。信息技术与课程整合的实质既然是"主导—主体型教学结构"的创建，"整合"课的教学设计（相关教学模式的选择与设计）也必须紧紧围绕"创建新型教学结构"这一目标。那么，应当运用什么样的教学设计理论、方法才能更有效地达到这一目标？

目前流行的教学设计理论主要有"以教为主"的教学设计和"以学为主"的教学设计（也称建构主义学习环境下的教学设计）两大类。由于这两类教学设计理论有着各自的优势与不足，所以最好是将二者结合起来，互相取长补短，形成优势互补的"学教并重"的教学设计理论。这种理论正好能支持既要发挥教师主导作用，又要充分体现学生主体地位的"主导—主体型教学结构"的创建要求。在运用这种理论进行教学设计时，需要注意的是，对于以计算机为核心的信息技术（不管是多媒体还是网络），在整合过程中都不能把它们仅仅看作辅助教师"我"的形象化教学工具，而应当同时强调甚至更加强调要把它们作为促进学生自主学习的认知工具与协作交流工具。"学教并重"的教学设计，正好能在这方面发挥重要作用。

四、要努力建设信息化教学资源

教学结构变革的实现，有赖于信息化教学环境，这种环境能够支持真实的情境创设、启发思考、信息获取、资源共享、多重交互、自主探究、协作学习等多方面要求的教与学方式，从而能把学生的主动性、积极性、创造性较充分地发挥出来，使创新型人才培养的目标能真正落到实处。营造信息化教学环境的核心内容则是信息化教学资源的建设。所以，我们也可以说，没有信息化教学资源就没有真正意义上的"整合"。

事实上，形成"主导—主体型教学结构"的关键是要充分调动学生的主动性、积极性和创造性。学生的主动性、积极性和创造性的发挥，不仅有赖于教师正确的启发与引导，更要依靠学生的自主学习、自主探究与合作学习、合作探究。这就需要有能够支持认知、探究的工具、环境以及有利于协作交流的工具、环境，以便在学习过程中对学习者或学习小组提供必要的帮助与支持。信息化教学资源的作用正是要为学生个人的自主学习、自主探究提供必不可少的认知探究工具与环境，也为学习小组的合作学习、合作探究提供快捷方便的协作交流工具与环境。

信息化教学资源通常被划分为四种：多媒体素材类、多媒体课件类、网络课程类和信息化学习工具类。前三种资源对于所有学科（包括文科、理科）都是适用的，即不管是文科类教学的信息技术与课程整合还是理科类教学的信息技术与课程整合，前三种类型的信息化教学资源都可以很好地起到提供认知探究工具与环境以及协作交流工具与环境的作用。第四种资源（信息化学习工具类）则主要应用于理科类教学的信息技术与课程整合（在文科类教学的"整合"中很少采用）。

一般来说，多媒体素材类资源只要通过网上收集、下载、整理即可获得；其余三种资源则要由教师自己设计、开发，尤其是信息化学习工具类的研发更为困难——必须运用专门的甚至是较复杂的计算机软件技术才能完成。

这里要指出的是，重视信息化教学资源的建设，并非要求教师去开发多媒体课件或计算机软件，而是要求广大教师去努力收集、整理和充分利用互联网上的已有资源。只要是网站上有的，不管是国内的还是国外的（国外也有不少免费教学软件），都可以采取"拿来主义"（但"拿来"以后只能用于教学，

而不能用于谋取商业利益）。只有在确实找不到与当前教学内容相关的信息化教学资源，或者是找到的资源不够理想，而且教师本身具备一定能力的情况下，才有必要由教师自己去进行开发。

五、要结合不同学科特点创建能支持"主导—主体型教学结构"的教学模式

教学模式属于教学方法、教学策略的范畴，但又不等同于某一种教学方法或某一种教学策略。教学模式是指教学过程中两种或两种以上方法或策略的稳定组合与运用。在教学过程中，为了达到某种预期的效果或目标（如创建新型教学结构），教师往往要综合运用多种不同的方法与策略，当这些教学方法与策略的联合运用总能达到预期的效果或目标时，就成为一种有效的教学模式。

每位教师都应结合各自学科的特点，通过信息技术与课程的深层次整合去创建能够支持"主导—主体型教学结构"的教学模式。

教学模式的类型是多种多样的、分层次的，基于信息技术与课程整合的教学模式也不例外。从最高层次考虑，基于信息技术与课程整合的教学模式有两种，即按照所涉及的教学阶段来划分的"课内整合模式"与"课外整合模式"。

目前，西方发达国家比较关注信息技术与"课前""课后"教学过程的整合（"课外整合模式"），多年来在这方面做了大量的研究与探索，并取得了许多成功的经验。其中影响较大也较为有效的课外整合教学模式是WebQuest（基于网络的探究）和Just-in-Time Teaching（适时教学模式，简称JiTT）。WebQuest模式更是在全球范围内广为流传，它大体上相当于我们通常所说的"研究性学习"。

至于"课内整合模式"，由于课堂教学涉及不同学科、不同教学策略和不同技术支撑环境等多种因素，课内整合的教学模式分类较复杂。例如，按作用划分，则有数学、物理、化学、语文、历史、地理等不同学科的课内整合教学模式；按教学策略划分，则有自主探究、协作学习、演示、讲授、讨论、辩论、角色扮演等不同策略的课内整合教学模式；按技术支撑环境划分，则有基于网络、基于多媒体、基于软件工具、基于仿真实验等不同技术支撑环境的课内整合教学模式。

　　上述种种实现课内整合的教学模式，都有各自不同的实施步骤与方法，如能掌握这些模式的实施步骤和方法并加以灵活运用，便能取得有效整合乃至深层次整合的理想效果。多年来，经试验学校的大量实践证明：只要真正理解、掌握了上述整合的途径和方法，再结合自身的教学实践与学科特点，教师便能创造出能有效支持"主导—主体"型教学结构的各种新型教学模式来。

信息技术与听障语文教学
深度融合的历程

2019年，《教育部关于实施全国中小学教师信息技术应用能力提升工程2.0的意见》提出，推进"教育+互联网"工作，促进信息技术与教育教学融合创新发展，推动利用新技术开展教师教学过程中伴随式数据采集与过程性评价，实现教学方式的创新和教学评价的精准。这使得全国教育系统再次掀起了一场"教育+互联网"的热潮，各类信息技术在普校课堂上的运用越来越广泛。信息技术与学科教学的融合发展正处于从量走向质的过渡阶段，如何切实提升信息技术与学科教学融合的深度，是值得每位一线教师深思的问题。而特殊教育要实现教育质量的提升，就需要根据学生的特殊需求，充分利用信息技术优势，将信息技术完美地融合到特教课堂教学中，提高教育教学效果，帮助特殊学生早日融入主流社会，最终实现特殊教育现代化。

第一节　信息技术与听障语文教学深度融合的背景

一、国际背景

信息技术在世界各国的教育教学中扮演着重要角色，对特殊教育也产生了深刻的影响。信息技术的飞速发展为特殊教育提供了新的方向。许多学者针对信息技术支持的特殊教育展开了诸多研究，如胡艳等人基于文献分析了国内特殊教育信息化研究现状；张婧认为信息化教育时代的到来对特殊教育课程改革提出了要求，特殊教育课程改革也要体现出信息化教育的新特点。

统计结果发现，国外信息技术在听障学生教育中的应用研究体现了较强的技术导向特征和时代特征。研究的历程大致可以划分为视频技术的应用、互联网技术的应用和融合创新技术的应用三个阶段，不同阶段应用的主要技术也各有不同。

（一）视频技术在听障学生教育中的应用

视频技术的应用始于1986年，以电视为传播媒介的教学视频获得广泛关注，尽管计算机及其衍生品互联网也受到了关注，但相关研究数量并不多。这一阶段对信息技术的应用较为简单和直接，教学视频的使用为听障学生学习手语和学科知识提供了新途径，主要体现在将抽象知识形象化、可视化。对于听障学生来说，信息技术带来的这种变革是至关重要的。值得注意的是，Passig在其研究中使用了任天堂公司设计开发的Virtual Boy这款革命性游戏产品，探讨了虚拟现实环境中开展听障学生教育的效果。尽管Virtual Boy由于理念过于前卫以及当时技术本身的局限而失败，但在虚拟现实技术日趋成熟的今天，其研究的前瞻性与价值日益显现。

（二）互联网技术在听障学生教育中的应用

互联网技术的应用始于2001年，计算机和互联网技术在听障学生教育领域得到了快速发展，特别是在线课程的兴起为听障学生教育提供了新的方向。有关在线课程的实验与调查研究在这一时期占据了主要地位。以在线课程为代表的远程教育使得学习可以在任何时候、任何地点进行，然而听障学生在这一过程中往往面临着双重数字鸿沟，如何恰当地设计与开发课程以帮助听障学生跨越这一障碍是这一阶段讨论的问题之一。多媒体教学软件等在这一阶段也受到了一定程度的关注。

（三）新兴技术在听障学生教育中的应用

2014年以后，随着信息技术的不断发展，各类新兴技术在教育中得到了广泛应用，呈现出百花齐放的景象。在这一背景下，国外学者开展了特殊教育领域的诸多研究。与前两个阶段不同，本阶段的研究主题呈现多样化，研究焦点呈现分散化，大多数主题仅涉及1～2篇文献。例如，利用增强现实技术结合真实与虚拟世界，为包括听障儿童在内的残疾儿童提供直观而有趣的学习过程；利用虚拟现实技术营造仿真情境，强化听障学生的叙事（讲故事）能力和排序能力；基于移动设备iPad的TouchChat应用为存在语言障碍的人群开发的通信应用，在运用恰当的情况下有助于学龄前听障学生的语言发展；移动技术与电子游戏的结合则让学习更加便捷、有趣，能够为听障学生学科教学提供助力。

国外信息技术支持的听障学生教育经历了三个不同的阶段，主要发挥了两个方面的作用，即基于信息技术实施现代远程教育和将信息技术作为听障学生的认知工具。除了实践层面的诸多尝试，我们还应当看到法律层面对特殊教育信息化的支持，以及相关研究机构的设立对特殊教育信息化的促进作用。

二、国内背景

自2002年我国发布《教育信息化"十五"发展规划（纲要）》以及全面实施"校校通"工程以来，全国上下掀起了教育信息化建设浪潮，在经费投入、建设规模、软硬件平台、应用推进等各个方面都取得了实质性的进步，特殊教育信息化也不例外。特殊教育信息化在我国的发展起源于计算机教育，其发展过程经历了以下三个阶段。

（一）起步阶段

从20世纪90年代开始，我国特殊教育领域开始尝试运用互联网，各级各类特殊教育管理、研究与康复机构，相继在互联网上建立了自己的网站，发布有关特殊教育的信息和数据，以宣传特殊教育、推动特殊教育事业的发展。在联合国教科文组织和中国教育科学研究院的委托和支持下，时任中央教科所心理与特殊教育研究室主任陈云英博士创办了中国特殊教育在线网站，以此为标志，我国特殊教育相关网站建设进入快速发展时期，网络资源也随着信息技术的发展百花齐放，异彩纷呈。特殊教育学校网站建设步伐加快。

（二）逐步发展阶段

进入21世纪，我国特殊教育信息技术开始真正发展起来，一方面，我国大力开展信息技术建设，许多先进的教学设备、教学理念被引入课堂；另一方面，关于特殊教育信息技术会议的多次举办，为特殊教育教师交流、学习信息技术提供了很好的平台。

2003年12月23—25日，教育部在吉林长春召开"全国特殊教育学校信息技术教育工作会议"，这是第一次全国性的特殊教育学校信息技术教育工作方面的专题会议，是推动我国特殊教育信息化建设进程的一次重要会议。会议提出，特殊教育信息化应分为四个层面：特殊教育学校普及信息技术教育，网络的普及和运用，大力发展现代远程教育，开发研制各类残疾学生专用的计算机的各种硬件和软件以及科技含量高的康复设施和设备。本次会议结束后，教育部从2004年起用了5年左右的时间在全国特殊教育学校普及信息技术教育，力争在较短的时间内缩小特殊教育学校和普通学校在信息技术教育方面的差距，利用信息技术等现代化手段最大限度地弥补特殊学生的生理缺陷，全面实现"校校通"工程，努力实现特殊教育跨越式发展。此外，面向残疾人的远程教育事业也得到我国教育界的广泛关注和高度重视。2004年2月16日，中央广播电视大学残疾人教育学院正式挂牌成立，学院本部设在深圳。学院通过现代远程教育手段和开放教育方式，使残疾人通过互联网接受更高层次、更高质量的高等学历教育、实用技术培训等。

与此同时，政府也高度重视特殊教育信息化工作，并且把信息化作为特殊教育工作的一个重要组成部分。《全国特殊教育"十一五"发展规划》明确提出：要全面普及信息技术教育，加快信息化进程，实现特殊教育跨越式发展，以信息技术推进特殊教育的现代化。《中国残疾人事业"十一五"发展纲要（2006—2010年）》指出：积极推进信息和交流无障碍，公共机构要提供语言、文字提示、盲文、手语等无障碍服务，影视作品和节目要加配字幕，网络、电子信息和通信产品要方便残疾人使用。通过信息科技与无障碍资源来满足残障学习者"使用机会"和"对能力的拓展"需求是特殊教育工作者需要解决的问题。

2006年10月，由中国教育学会特殊教育分会主办，河北省秦皇岛市特殊教育中心、山东省淄博市盲校和青岛市中心聋校承办的首届全国特殊教育学校教师信息技术综合应用能力大赛在山东省青岛市中心聋校举行。此次大赛设智障教育、视障教育、听障教育三个竞赛组，分预赛、决赛两个阶段进行，来自全国各地特殊学校的500多名教师参加了比赛。

2007年，科技部启动了为期10年的"科技助残行动计划"，帮助解决残疾人在康复、教育、文化、辅助器具等领域的迫切需求。

2008年，科技部又与中国残联共同启动"中国残疾人信息无障碍建设联合行动计划"；同年，信息产业部颁布了《信息无障碍　身体机能差异人群网站设计无障碍技术要求》，规定了无障碍上网的网页设计技术要求，主要包括内容的可感知性、内容接口组件的可操作性、内容与控制的可理解性和兼容性等要求。该标准对规范信息无障碍服务和推动信息无障碍标准研制及相关产品研发产生了重要影响，该系列标准的完成将为我国的信息无障碍产业发展提供有力技术支持。

2009年，国务院办公厅发布的《关于进一步加快特殊教育事业发展的意见》提出：加快特殊教育信息化进程，建好国家特殊教育资源库和特教信息资源管理系统，促进优质特殊教育资源共享。地方各级人民政府要加强特殊教育信息化软硬件建设。特殊教育学校要根据特殊学生的特点积极开展信息技术教育，大力推进信息技术在教学过程中的应用，提高特殊学生信息素养和运用信息技术的能力。

（三）全面深化阶段

此阶段，国家进一步加大对特殊教育学校信息技术的支持力度，同时，特殊教育学校充分利用自身资源不断开发、创新信息技术的应用。此外，随着信息技术的普遍使用，特殊教育学校通过信息技术共享教育、教学成果，这对于

促进我国特殊教育的整体发展起到了非常重要的作用。

为落实《关于进一步加快特殊教育事业发展的意见》中提出的加快特殊教育信息化进程的精神，同时，为了避免资源重复建设，使特殊教育领域的师生共享优质资源，教育部基础教育司委托部分特殊教育学校联合开发了全国特殊教育资源库，分为视障版、听障版和智障版。2004年年初，特殊教育资源库开发建设工作正式启动，按照教育资源要"走进教室、面向学生、应用教学"的原则，依据新课标理念，立足于信息技术与学科整合，历时两年半的开发制作，特殊教育资源库现已形成容量多达500G的资源，分为DVD光盘、VCD光盘和教学资源网站三种呈现形式，以适应不同地区特殊教育学校的实际教学需要。该资源库经90所特殊教育学校试用，现已通过教育部审核，并免费向全国发放。特殊教育资源库的建成对特殊学校的教育教学具有重要意义，大家可以共享数字化的优质资源，为实施信息化教学、提高课堂教学质量提供了有力的资源支持。

2008年，第二届全国特殊教育学校教师信息技术综合应用能力大赛分别在哈尔滨、上海、重庆举行，本次大赛旨在"促进信息技术在特殊教育学校教育教学中的应用与发展，提高全国特殊教育学校教师信息技术应用能力，完善特殊教育资源库建设"。本次大赛转战全国多个赛区，集结了全国上千名盲、聋、培智三类特教学校和部分设立特殊教育辅读班的普通学校的教师，成功展示了特教教师信息技术综合应用能力及其与课堂教学整合的水平。大赛不仅促进了信息技术在特殊教育学校教育教学中的应用与发展，其影响更是超出大赛本身的意义。这标志着中国的特殊教育开始走上提高教育教学质量的发展道路。

2010年6月，《国家中长期教育改革和发展规划纲要（2010—2020年）》为未来10年我国教育改革和发展描绘了宏伟蓝图。为了顺利实现未来10年教育改革和发展目标，《国家中长期教育改革和发展规划纲要（2010—2020年）》提出了六项保障措施，其中包括加快教育信息化进程，要求到2020年我国基本实现教育的现代化，基本形成学习型社会，迈入人力资源强国的行列。在国民教育序列中，特殊教育是一个重要的组成部分，通过教育信息化帮助特殊人群开发潜能、弥补缺陷、发挥优势、立足社会，促进了教育和谐和社会的公平正义。

　　2011年10月下旬，第三届全国特殊教育学校教师信息技术综合应用能力大赛盲、聋、培智教育组分别在南京、济南、桂林举行决赛，全国30个省、自治区、直辖市的766位教师参加了本次大赛。本次大赛对我国整个特教界教育教学质量的提高、教师专业化水平和综合素质的提高，起到了明显的促进作用。

　　2011年11月，由联合国教科文组织、工业和信息化部、中国残疾人联合会共同指导，中国残疾人福利基金会、中国通信标准化协会、中国互联网协会联合主办的联合国教科文组织资助的"网站设计无障碍标准"项目签约仪式在北京举行。该项目旨在更加便捷、有效地为残疾人提供信息技术服务，进一步帮助残疾人融入信息社会，推进中国信息无障碍工作发展。

　　2012年9月5日，教育部召开了全国教育信息化工作电视电话会议，本次会议是我国第一次教育信息化工作会议。会议召开后，各地教育部门对本地教育信息化工作进行了部署或提出了新的发展要求。本次会议不仅积极推动了我国普通教育的信息化进程，而且对特殊教育信息化的发展产生了重要影响，会后各地依据会议精神积极增加特殊教育学校信息化建设所需的硬件、软件设备，不断加强信息化教师配备，促进特殊教育学校信息化发展。

　　2013年1月，为确保医教结合工作的有效推进，上海市教委、市卫生局、市残联联合利用现代信息技术，整合原本分属于教育、卫生、残联等不同部门的特殊儿童发生、干预、教育、康复等信息，形成较为完整、准确、可靠、全市统一的特殊儿童、青少年信息档案数据管理系统。特殊儿童信息一旦进入通报系统，系统即为其建立个人档案，记录特殊儿童接受各种服务的过程。教育、卫生、残联系统可全面掌握特殊儿童的发展情况和服务需求，根据部门的工作职责，为其提供随访、康复、教育等跟踪服务，还可以为政府部门决策提供依据。

　　2013年10月28—29日，由中国教育学会特殊教育分会主办、北京市第三聋人学校承办的第二届全国特殊教育信息化年会在北京召开。本次会议的主题是特殊教育数字化学校建设的现状与未来，来自全国120多所特殊教育学校的240多名校长、教师参加了会议。本次会议深化了特殊教育学校数字化学习的研究，引领全国特殊教育信息化之路。

　　2016年6月，教育部制定的《教育信息化"十三五"规划》中提出发展目标："到2020年，基本建成'人人皆学、处处能学、时时可学'、与国家教育现代化发展目标相适应的教育信息化体系；基本实现教育信息化对学生全面发

展的促进作用、对深化教育领域综合改革的支撑作用和对教育创新发展、均衡发展、优质发展的提升作用；基本形成具有国际先进水平、信息技术与教育融合创新发展的中国特色教育信息化发展路子。"

2018年4月18日，教育部发布了《教育信息化2.0行动计划》，其基本目标为："通过实施教育信息化2.0行动计划，到2022年基本实现'三全两高一大'的发展目标，即教学应用覆盖全体教师、学习应用覆盖全体适龄学生、数字校园建设覆盖全体学校，信息化应用水平和师生信息素养普遍提高，建成'互联网+教育'大平台，推动从教育专用资源向教育大资源转变、从提升师生信息技术应用能力向全面提升其信息素养转变、从融合应用向创新发展转变，努力构建'互联网+'条件下的人才培养新模式、发展基于互联网的教育服务新模式、探索信息时代教育治理新模式。"

2019年《教育部关于实施全国中小学教师信息技术应用能力提升工程2.0的意见》中明确指出：信息技术应用能力是新时代高素质教师的核心素养。

经过二十年的发展，我国特殊教育信息化取得了巨大的进步，信息技术的应用改变了教学方式，提高了课堂教学质量。可以说，信息技术与学科教学深度融合已经成为发展趋势。截至2021年，中国教育学会特殊教育分会已举办了五届"全国特殊教育学校教师信息技术应用能力展示与交流活动"。深圳元平特殊教育学校在信息化建设方面进行了积极的探讨和实践，取得了骄人的成效，成为特殊教育界的标杆。而在三线、四线城市及县级特殊教育学校中，信息技术与课堂教学融合的探索与实践研究开展得较迟，刚刚经历过"重技术，轻思维，重展示，满堂灌"的初级阶段。在"互联网+"的背景下，在技术如此丰富的环境下，大家都在反思：如何运用"合适"的技术与优化的教学设计在课堂中支持学生更好地学习？如何使用信息技术为特殊教育学校课堂教学赋能，从而打造出高效课堂，并且在不断的探索和实践中走出一条"融合创新，常态应用，特色发展"之路？

综上所述，可以推断信息技术与课程深度融合是社会发展的必然趋势，作为一线教师，我们有责任和义务深入探讨如何把学科教学与信息技术深度融合，根据学生实际需要把技术运用到课堂中、运用到学生的学习中，提高教学效率，提升师生的信息技术素养。

第二节 信息技术与听障语文
教学深度融合的意义

　　2012年，教育部颁布的《教育信息化十年发展规划（2011—2020年）》（以下简称《规划》）中明确指出："建设智能化教学环境，提供优质数字教育资源和软件工具，利用信息技术开展启发式、探究式、讨论式、参与式教学，鼓励发展性评价，探索建立以学习者为中心的教学新模式，倡导网络校际协作学习，提高信息化教学水平。逐步普及专家引领的网络教研，提高教师网络学习的针对性和有效性，促进教师专业化发展。"并将信息技术与教学整合的提法改成"深度融合"，因此，在信息化2.0时代，信息技术与学科教学深度融合成为研究的热点。

一、教育信息化发展的必然要求

　　《规划》还指出：建设覆盖城乡各级各类学校的教育信息化体系，促进优质教育资源普及共享，推进信息技术与教育教学深度融合，实现教育思想、理念、方法和手段全方位创新，对于提高教育质量、促进教育公平、构建学习型社会和人力资源强国具有重大意义。纵观我国教育信息化的发展历程发现，我国的教育信息化已经历了基础设施的日益完善、教育软件资源的大力开发、教师的信息技术培训、中小学信息技术教育等阶段，并取得了可喜的成果。教育信息化的主要目的之一就是要利用信息技术来支持学科教学，因此将信息技术与听障语文课程整合是教育信息化发展的必然要求。

二、新课程标准的内在要求

新课程标准更加突出信息技术的重要作用。因为听障高中生没有专门语文教材而选用普通高中教材，《普通高中语文课程标准（2017年版2020年修订）》在实施建议第5点中提道，探索信息化背景下教与学方式的转变：要改变因循守旧的语文教学习惯，也要打破唯技术至上的观念，把握好技术与语文的关系，合理利用信息技术；要创设运用语言文字的真实情境，形成有意义的互动学习环境，帮助学生有效投入语文实践；要借助信息技术优化整合课堂教学，引导学生经历多样化的学习过程，促进学生在更广阔的语言环境中主动学习，实现知识的迁移与运用；要积极探索基于网络的教学改革，利用具有交互功能的网络学习空间，创设线上线下一体化的"混合式"学习生态，为课堂教学和课外学习服务；在信息化环境下，需要进一步探索教学流程、资源支持、教学支持、学习评估等影响学生学习的各种要素所发生的新变化，积极探索信息化环境下的语文教学模式。《义务教育听障语文课程标准（2016年版）》在实施建议第6点中提道：注意信息技术对听障学生学习运用语言、与他人沟通所起的重要作用，构建网络环境下的学习平台，拓展听障学生学习和创造的空间，支持和丰富语文综合性学习。

三、听障学生缺陷补偿促进发展的重要手段

听障教育的一个重要职能就是利用特殊的教材和教法来弥补听障学生的听力缺陷，最大限度地发挥他们的视觉和其他感知觉潜能。恰好信息技术具有直观性、生动性、互动性等特点，将其应用于听障语文教学能够满足听障学生身心发展的需要，便于激发他们的学习兴趣，弥补其听力缺陷，从而改善特殊教育状况，推动特殊教育信息化的发展。

首先，将信息技术应用到听障语文教学中，运用图形、图像、音乐、动画等，可以促进听障学生形象思维的发展。其次，听障学生之间障碍程度不同，其个体间的认知水平存在显著差异，班级成员呈现多层次化，所以他们需要个别化教学，信息技术的发展能够很好地满足听障学生这方面的需求。最后，大量的网络资源为听障学生学习提供了丰富的学习资源。例如，特殊教育资源库中有关听障教育的丰富的资源可以为听障学生学习知识提供便利，同时，听障

学生可以通过网页搜索更多自己喜欢的课外资源弥补课堂教学的不足。

发展听障学生书面语言的实践能力，真正发挥现代特殊教育对听障学生语文知识掌握、语言能力发展的主要作用，使听障学生将学习信息的获取、分析、加工、运用等能力，内化为自身的思维习惯和语言表达方式，从而形成影响听障学生一生的语言能力。根据康复理论以及听障学生的生理特点，现代信息技术与语文课程教学深度融合，能在听障教学中发挥"扬长补短"的独特功效，促进听障学生语言能力的发展，为他们的终身发展奠定基础。

第三节 信息技术与听障语文
教学深度融合的现状

一、发达国家实施信息技术与课程融合的现状及效果

（1）美国从事信息技术教育应用的学者普遍认为，信息技术应用于教学主要是在课前与课后，包括资料查询以及在学生与教师之间、学生与学生之间进行交流与合作；而在课堂教学过程的几十分钟内，信息技术一般难以发挥其作用，还是要依靠教师去言传身教。在这种主流观念的引导下，多年来美国（乃至整个西方）教育界对于信息技术与课程整合，一直是在课前及课后下功夫，而较少在课堂上（课堂教学过程几十分钟内）进行认真的探索。我国则相反，历来比较重视信息技术在课堂上的有效运用。

（2）自20世纪90年代中期以来，美国实施信息技术与课程整合的常用教学模式有以下几种：JiTT、WebQuest、Problem-based Learning（基于问题的学习）、Project-based Learning（基于项目的学习）和Resources-based Learning（基于资源的学习）等。其中，JiTT主要应用于课前与课后。教师利用JiTT这种模式在课前通过网络将讲授内容、相关资料、重难点以及预习要求发布给学生，使学生在上课前能做好充分准备，并要求学生将预习情况与问题在上课前反馈给任课教师，以便教师及时调整课堂上的授课内容、方法及进度；JiTT模式还要求教师布置疑难问题让学生在课后进行网上探究。从本质上看，Problem-based Learning、Project-based Learning和Resources-based Learning则和WebQuest一样都属于基于网络探究的模式。这类模式都是选择自然界或社会生活中的某个实际问题作为探究主题而展开的，因而往往是多个学科的交叉，多种知识的综合运用或是一个学科内若干知识点的综合运用，需要通过网络进行大量的文献调研和小组合作探究，要花费较多的课外活动时间，所以这类模式一般不适宜作为课内（课堂教学的几十分钟内）的常规教学模式。2003年12月美国*Teaching & Learning*杂志评选出的全美十佳"教育技术应用项目"，无一例外都是属于WebQuest模式，由此可以看出上述主流观念的深刻影响。

（3）美国《教育媒体与技术年鉴》发布的2004年教育技术报告显示，对于绝大多数教师来说，信息技术只是用来作为查寻资料准备教案，或是与同事和家长沟通以及保存管理记录的工具（前者属于课前应用，后者属于课后应用），很少将信息技术直接应用于或整合于课堂教学。对于少数能将信息技术整合于课堂教学的教师来说，他们最常用的两类整合方式是：第一，利用技术提高学生的计算机操作技能和作为奖励的游戏活动；第二，利用技术进行巩固性操练、练习和文字处理。可见，这一报告也证实，当前美国（乃至整个西方）的信息技术与课程整合主要关注的还是课前与课后，课堂教学过程中虽然也有少数教师进行整合的探索，但从他们最常用的两类整合方式看，显然还停留在比较低的层次。

（4）美国教育周刊网站近年来就美国11051所中学7～12年级600多万名学生所作的问卷调查表明：71%的学生认为教师没有使用技术辅助他们学习，教师布置给学生的任务仅仅是学习计算机的基础知识；34%的学生认为计算机并没有使他们在学校的学习有所不同，甚至会使他们的注意力从学习的内容上转移开。

（5）2022年6月，美国教育部一位官员曾对我国教育部的访美代表团坦率地说出了他对当前美国教育的看法——"近几年美国基础教育质量没有提高反而在下降"。当时该官员把质量下降的原因归结为受极端建构主义理论的影响（上述美国官员看法来自我国访美代表团团长讲话记录）。

（6）"美国亚洲协会"（该机构专门研究美国与亚洲关系）的教育专家在2006年上半年发表了一项关于美国中学生2001—2005年数学与其他理科学习情况的研究报告。该报告显示，美国学生的数学与其他理科分数远远落后于亚洲主要国家和地区（如韩国、新加坡以及中国台湾）的学生。

（7）2007年12月3日，国际OECD（经济合作与发展组织）公布的PISA（国际学生评估项目）关于数学与阅读测试结果表明，美国学生在这两方面均低于经济合作组织国家和地区的平均水平，阅读方面更糟糕。

以上种种事例表明，尽管美国早就在中小学建立了良好的信息技术环境（如1999年就已经是美国中小学基本实现网络化的"网络年"，到2001年，美国中小学已有99%联网，2003年，美国中小学生与计算机比例已达到5：1），为实现信息技术与学科教学的整合创造了良好条件，但是他们的基础教育质量并未因此有明显的提高反而有所下降（虽然极端建构主义理论难辞其咎，但是信息技术与学科教学未能在科学理论的指导下实现有效的整合，从而使信息技术环境未能真正发挥作用也是重要原因之一）——这就证明以教育技术CEO论坛第三年度报告和罗布耶的专著为代表的美国（乃至西方）的信息技术与课程整合理论存在着较大的缺陷，还未能真正解决实际问题。总之，西方的先进经验要借鉴，但未必拿来就能用，路还要靠我们自己走。

二、我国信息技术与学科深度融合的现状

1994—2000年，何克抗、李克东和王本中等人主持的教育部重点教学改革项目《小学语文"四结合"教学改革试验研究》是我国较早进行的信息技术与学科教学整合的研究，到现在为止已经形成了一系列信息技术与各学科整合（乃至深层次整合）的模式，积累了一批可供参考学习的优秀案例。

2018年，何克抗在《中小学数字化教学》上发表文章《信息技术与学科教学"深度融合"的路径与实现方法》。文章结合《美国国家教育技术计划（2010）》提出的应实施由技术支持的"教育系统结构性变革"命题，分析了我国在《教育信息化十年发展规划（2011—2020年）》中提出并多次强调的"信息技术与教育教学深度融合"的背景。在此基础上，他对"教育系统结构性变革"与"信息技术与教育教学深度融合"的确切内涵进行了解读，提出了实现信息技术与学科教学"深度融合"的路径与方法，并对实现方法进行了具体、科学的论证与阐述。文章中详细解释了"深度融合"提出的背景。

2012年3月，教育部发布了《规划》。《规划》开宗明义，指出实施教育信息化的意义在于"以教育信息化带动教育现代化，破解制约我国教育发展的难题，促进教育的创新与变革"，因而教育信息化是"实现我国教育现代化宏伟目标不可或缺的动力与支撑"。为实现教育信息化，我们要充分利用和发挥现代信息技术优势，实现信息技术与教育教学的深度融合。

众所周知，国际上推动教育信息化的传统做法是实施"信息技术与课程整

合"。为何我国在《规划》中提出"信息技术与教育教学深度融合"（以下简称"深度融合"）这一全新的提法，并且在《规划》全文中，这一提法先后出现了10次呢？我们只有了解其提出的背景，才能更为准确地把握"深度融合"的内涵与实质。2010年前后，信息技术作为最先进的生产力，在其他领域的应用已取得了重大成效，但其在教育领域的应用成效却并不显著：大多停留在手段、方法层面，而对教育质量的提升（大批创新人才的培养），信息技术似乎可有可无，或只是锦上添花，既没有成为教育中必不可少的因素，也谈不上对教育发展产生革命性的影响。由此引发了著名的乔布斯之问——"为什么计算机改变了几乎所有领域，却唯独对学校教育的影响小得令人吃惊？"

国际上曾有许多专家学者对此进行过研究与探讨，却都无功而返。只有2010年11月发布的《美国国家教育技术计划（2010）》，通过认真总结梳理近30年来企业部门应用技术的经验与教训，才发现问题的症结所在，并提出"如果想要看到教育生产力的显著提高，就需要进行由技术支持的重大结构性变革，而不是渐进式的修修补补"的工作，或者是只关注了如何运用技术去改善"教与学环境"或"教与学方式"，却没有实现由信息技术支持的教育系统的重大结构性变革，而后者才是解决问题的关键所在。这也正是《规划》放弃传统的"信息技术与课程整合"的提法，转而倡导"深度融合"的特定背景，希望找到一种全新的、能实现"教育系统结构性变革"的途径与方法，以解决信息技术对教育发展始终未能真正产生革命性影响这一重大问题。

在过去的二十年里，"信息技术与课程整合"这个词语出现的频率非常高。众多专家学者和一线教师普遍认为信息技术与课程整合是解决教育信息化难题的一大关键。而综观世界教育信息化的发展，"整合"仅仅出于一个较低的层次，而"融合"才是"整合"的高级表现形式和发展目标。国家在纲领性文件中用"信息技术与教学深度融合"这个词语代替了流行多年的"信息技术与课程整合"，就是强调了在未来几年，教育信息化发展的重点之一就是更好地将信息技术融入实践教学中去，使两者从相辅相成的"合作关系"变成互相融入的"一个整体"。

2022年8月，由北京师范大学未来教育高精尖创新中心主办，北京师范大学现代教育技术研究所、全球华人计算机教育应用学会（GCSCE）大陆秘书处、"移动学习"教育部——中国移动联合实验室承办的"科技赋能·学科

融合·减负增效"新兴技术助力课程与教学创新的理论与实践研讨会暨全国"基础教育跨越式发展创新试验研究"，2022年，以线上会议形式举行。大会开幕环节，陈丽在致辞中致敬了何克抗教授带领的"基础教育跨越式发展试验研究"团队。她指出，何克抗教授生前历时数十年，带领团队在全国10多个省区市，运用新的技术、新的方法，探索提高中小学课堂教学质量，推动薄弱地区的教育质量提升，促进教育公平发展，形成了一套提升教育质量的策略、方法、资源和工具，树立了潜心一线教学改革、探索教学创新有效模式的典范，自主形成了一整套中国特色的信息化教学创新理论，在全国600多所学校的实践中验证了其成效。跨越式项目让我们看到，新技术与新理念、新模式相结合，一定能赋能一线教育教学改革，扎根中国的教育实践一定能产生在世界都有影响的理论和方法。余胜泉在致辞中致敬了何克抗教授的卓越贡献。他指出，何克抗教授的理论与实践对推动我国教育信息化、信息技术与课程整合落地、信息技术变革课堂起到重要作用，其理论指导下的案例，在当今依然具有生命力和价值意义。他还强调，只有一线教师在日常课堂教学中投入大量精力并创造出鲜活的创新型案例，真正使信息技术发挥作用，教育信息化才能真正落地。

三、我国信息技术与听障语文深度融合的现状

笔者以"信息技术与听障语文教学深度融合的研究"为题上中国知网搜索，找到0篇文章，又以"信息技术与听障语文教学整合"为题搜索到硕士论文4篇，期刊文章5篇，而且都是2016年之前发表的。相关学术专著只找到两本。由此可见，信息技术与听障语文教学深度融合的研究有待我们特教工作者来完成。

通过调查发现，大多数学校注重对教师的培训和对教学硬件设备的投入，但是忽略了对教学硬件的维护。有些教室的多媒体一体机坏了却得不到及时维修，维修期大概要持续几个星期，这严重影响了信息技术的正常运用。再加上教师课余精力有限、缺乏团队意识、缺少专家指导以及教师自身能力有限等问题，很多语文教师的信息化教学研究停留在一个较低的应用水平，没有达到深度融合要求的目标。

造成这种现状的原因主要有以下三个。

（一）教师自身信息技术操作能力偏低

语文教师不是信息技术教师，因此在信息技术的操作水平上不如信息技术教师熟练，大部分的语文教师只能进行信息技术的单向操作，而对于要求比较高的操作，许多教师束手无策，受限于自己的操作水平，很多教师无法随心所欲地使用信息技术进行课堂教学。因此，语文教师的信息技术操作能力限制了信息技术与听障语文教学深度融合的顺利开展。

（二）教师对信息技术应用缺乏全面的认识

调查显示，大多数教师认为在教学中应用信息技术达到了一定的效果，但是教师普遍认为"整合"没有减轻教学负担，反而加重了教学负担。在教学过程中，有些教师为了引起学生兴趣，加入与文章无关的图片或视频，这样做容易分散学生的注意力。信息技术本身就是把双刃剑，在信息技术手段的使用过程中，现代科技带来的负面影响也极易影响教学效果。在信息技术与语文教学整合的过程中，部分教师过分依赖现代信息技术水平。其实在信息技术与学科教学中，教师是教学过程的组织者、指导者、促进者和咨询者，教师的主导作用可以使教学过程更加优化，是教学活动中重要的一环。要达到"深度融合"的目标，教师不仅要熟练掌握技术手段，更重要的是要深刻了解教育的本质，了解语文学科教学的根本目的，了解听障语文教学中的难点所在，了解传统听障语文教学的优点和局限性，从而结合技术所提供的帮助更好地进行语文教学活动。

（三）教师的信息技术应用培训不当

很多教师培训往往停留在技术层面上，培训教师认为信息技术培训就是为了学习计算机操作，只要掌握了一般的计算机操作技能，就能做好信息技术与学科教学融合。事实上，信息技术与教学融合的培训首先要做的是对教师教育思想和观念的培训，通过转变教师的教育思想和观念，使之掌握先进的教育科学理论，树立正确的教育观、质量观、人才观；其次才是教学设计方法、信息技术与教学深度融合的模式等内容的培训。只有教师的理论知识和操作技术都达到了一定的程度，才能正确有效地将信息技术应用于教学领域，才能真正地实现信息技术与学科教学的深度融合。

信息技术与听障语文教学
深度融合的原则及路径与方法

　　教育信息化发展的重点之一就是更好地将信息技术融入实践教学中，在这个过程中，思想要发生改变，立场要更加鲜明，层次要更加深入，目标也要更加远大。何克抗教授在《信息技术与学科教学"深度融合"的路径与实现方法》这篇文章中提道，国内外的经验告诉我们：教育信息化若不紧紧抓住"改变传统课堂教学结构和建构新型教学结构"这个中心，是不会取得成效，反而是要付出代价的。这是一条铁的定律，这也是中国学者在教育信息化领域发现的一条重要规律。因此，作为一线教师，我们应该遵循这一规律进行探索研究。

第一节　信息技术与听障语文
教学深度融合的原则

《聋校义务教育语文课程标准（2016年版）》在课程基本理念中指出：注重跨学科的学习和现代科技手段的运用，使听障学生在不同内容和方法的相互交叉、渗透和整合中开阔视野，提高学习效率，初步养成现代社会所需要的语文素养；积极推进差异性教学，坚持因材施教的原则，尊重听障学生的个体差异，从听障学生的基础与发展需要出发，确定适合的教学目标、教学内容、教学组织形式和教学评价方式。根据以上要求，信息技术与听障语文教学深度融合的原则确定如下。

一、教学目的性原则

教学目的性原则是任何教育教学形式首先要遵循的原则，它是依据教学内容和教学对象的特点，选择并运用合适的教学媒体，最终以最有效的方式达到教学目的。听障学生的生理缺陷使其对教育教学具有异于常人的特殊需求，因此教师在信息化教学过程中应该围绕教学目的，根据其不同需求，选择最合适的多媒体手段，来激发听障学生的学习动机，充分调动其学习积极性，以实现教学目标。

二、教师主导与学生主体相结合原则

教师主导和学生主体相结合是教学的一条基本原则。学生为主体，即学生是教学过程中认识和发展的主体；教师为主导，即教学的方向、内容、方法和组织主要由教师设计和决定。教师不仅要指导学生自主探究学习，而且要"言传"和"身教"，学生主动性、积极性的发挥也要靠教师引导，教师要对教学的效果和质量负责。两者具有内在的联系，且互相促进。教师越是充分发挥主导作用，就越能保证学生学习的主动性、积极性和创造性；学生越是充分发挥主动性、积极性和创造性，就越能体现教师的主导作用。只有实现两者的有机结合，才能取得良好的教学效果。因此，现代信息技术与听障语文教学深度融合过程中，要充分发挥教师主导、学生主体的作用。

三、听力缺陷补偿原则

由于存在听力缺陷，听障学生在视觉方面得到了相应补偿，他们的观察能力相对更加敏锐。教师在教育教学过程中应充分合理利用这一特点，借助信息技术提升其视觉能力，补偿其听力缺陷。比如，教师在听障教学过程中要更多地运用视频、动画和图片，以便学生利用视觉直观获取教学信息。

四、直观性与抽象性相结合原则

直观性与抽象性相结合的原则是指在教学中利用学生的多种感官和已有的经验，通过直观手段，引导学生对所学事物产生表象认识，丰富他们的感性认识，使学生在此基础上，对学习材料进行分析、综合、抽象、概括，发展学生的认识能力和理论思维。直观性教学适合听障学生，但是直观教学通常只能产生表象认识，信息难以得到抽象概括，也就不能被纳入听障学生的知识结构中，听障学生所学知识也就不能在需要的时候发挥其作用。因此，在听障教育教学过程中，教师应充分利用信息技术手段将直观教学和抽象教学相结合，以实现对听障学生的有效教学。

五、多元评价原则

教师要运用多元评价的方式对听障学生进行评价，尊重他们的个体差异。教师可以引导听障学生自我评价，也可以引入家长评价、同学互评等方式，用多种评价手段和方法来衡量不同听障学生的不同方面，关注个体的处境和需要，激发个体的主观能动性，开发听障学生的主体精神，促进听障学生的全面发展，真正发挥评价的功能。

第二节 信息技术与听障语文教学深度融合的路径与方法

关于信息技术与学科教学深度融合的路径与方法，2009年，何克抗教授在《对国内外信息技术与课程整合途径与方法的比较分析》一文中提道：中国学者为广大教师开出的实施深层次整合的"处方"，即实现信息技术与课程深层次整合的途径与方法是：要运用先进的教育理论（特别是建构主义理论）来指导"整合"；要紧紧围绕"主导—主体型教学结构"的创建来进行整合；要运用"学教并重"的教学设计理论、方法进行"整合"课的教学设计；要重视各学科的教学资源建设和信息化学习工具的收集与开发，这是实现课程整合的必要前提；要结合不同学科特点探索能支持新型教学结构的教学模式。

一、实现深度融合的路径和方法

2018年，何克抗教授在《信息技术与学科教学实现深度融合的路径和方法》一文中又作出了明确指导，他主要从深度融合涉及的内容、模式等方面进行了具体阐述。

（一）要深刻认识课堂教学结构变革的具体内容

课堂教学结构是教学系统四个要素相互联系、相互作用的具体体现。教学结构的变革不是空洞的、抽象的，而是要落实到教学系统四个要素地位和作用的改变上。首先，教师要由课堂教学的主宰者和知识的灌输者，转变为课堂教学的组织者、指导者，由学生建构意义的帮助者、促进者，转变为学生良好情操的培育者；其次，学生要由知识灌输的对象和外部刺激的被动接受者，转变为信息加工的主体、知识意义的主动建构者和情感体验与内化的主体；再次，教学内容要由单纯依赖一本教材，转变为以教材为主，并有丰富的信息化教学资源（如学科专题网站、资源库、案例库等）配套支持；最后，教学媒体要由辅助教师突破重点的形象化教学工具，转变为既能辅助"教"，又能促进学生自主地"学"的工具，转变为学生的认知工具、协作交流工具、情感体验与内化的工具。

（二）要实施能有效变革课堂教学结构的创新教学模式

要想将改变课堂教学系统四个要素的地位与作用这一目标真正落到实处，只有通过任课教师在课堂教学中设计并实施有效的教学模式才有可能实现。为此，教师应在不同学科中采用变革课堂教学结构的创新教学模式。

何克抗教授认为，能否实现"深度融合"的唯一衡量标准，就是传统的课堂教学结构变革了没有，教学系统四个要素的地位和作用改变了没有，变革的程度有多大。只有在信息化教学创新理论指引下，通过必要的教师培训，使创新教学模式与学习资源切实运用于课堂教学过程，才有可能真正实现课堂教学结构的根本变革，从而实现各学科教学在质量方面的显著提升。

二、信息技术与听障语文教学深度融合

根据听障学生的实践和语文课程的要求，信息技术与听障语文教学深度融合主要包括以下三方面内容。

（一）教学设计

教学设计是根据课程标准的要求和教学对象的特点，将教学诸要素有序安排，确定合适的教学方案和计划，一般包括教学目标、教学重难点、教学方法、教学步骤与时间分配等环节。教学设计是整个教学过程的开端，对教学的实施具有重要影响。制定教学设计首先需要分析学情，也就是对教学对象进行分析。因此，信息技术在听障语文教学中应用必须在分析学情的基础上展开；其次要正确解读文本，把握准教学重点与难点。由于听障学生的听力存在不同程度的缺失，其视觉补偿的优势就会显现出来，因此他们的形象记忆发展得比较好，同时，思维以形象思维为主。他们的形象记忆与普通学生之间没有差别，记忆结果也无差别。因此，信息技术的直观形象性为听障学生的学习提供了良好的契机。这也是信息技术得以在听障教学过程中发挥重要作用的原因之一。此外，由于听障学生抽象思维能力较差，因此他们对于学习内容的理解能

力也较差，极大地影响了学习进度。信息技术的充分利用可以丰富学生的感官活动，调动学生的积极性，使学生充分参与到教学过程中，这有利于提高他们的理解力。

因此，在教学设计时，教师可以充分利用网络丰富多彩的学习资源，借助信息技术，根据听障学生的特殊需要设计直观悦目的课件，为学生带来愉快的心情和舒适的视觉体验；还可以进行交互式学习设计，让教师不再是"知识"唯一的传授者，而是与学生共同探讨知识的引导者。

（二）教学实施

教学实施是实现教学目标的中心阶段，教学实施策略的选择既要符合教学内容、教学目标的要求和教学对象的特点，又要考虑在特定教学环境中的必要性和可能性。

《义务教育语文课程标准（2022年版）》明确提出：把握信息技术与语文教学深度融合的趋势，充分发挥信息技术在语文教学变革中的价值和功能。积极利用网络资源平台拓展学习空间，丰富学习资源，整合多种媒介的学习内容，提供多层面、多角度的阅读、表达和交流的机会，促进师生在语文学习中进行多元互动。

根据听障学生学习特点，信息技术与听障语文教学深度融合的教学课堂必须遵循直观性原则和情境性原则。

1. 直观性原则

直观性原则顾名思义就是在教学实施过程中要体现信息技术的直观性，充分发挥听障学生的视觉感受能力，使他们能够利用通过视觉获得的形象化信息促进学习活动的开展。视觉是获得知识的主要途径之一，对于听障学生来说更是如此。信息技术制作的多媒体课件包括图形、图像、视频和动画等内容，集直观性、形象性于一体，容易引起听障学生的注意，是一种符合听障学生特点的教学方式。

2. 情境性原则

情境性原则就是利用信息技术的生动性创设情境，发展听障学生的思维。著名数学家波利亚说："学习任何知识的最佳途径是由自己去发现，因为这种发现理解最深，也最容易掌握其中的规律、性质和联系。"给听障学生创造一种愉快和谐的课堂气氛，让他们自己动手操作，使其主动获得感性经验，是提高教学效果、发展听障学生思维的重要途径。

（三）课外拓展

课外拓展是课堂教学的延伸，对提高学生语言水平非常重要。在这一阶段，教师要借助信息技术及网络资源，为学生精选学习资源，对课堂教学的知识进行拓展。《聋校义务教育语文课程标准（2016年版）》在课程资源开发与利用建议中提道：聋校应积极创造条件，为语文教学配置相应的设备，开发网络和多媒体资源。

在信息环境下，教师运用信息技术及网络可以将听障学生的学习有效地延伸到课外。教师可以推荐相关语文学习的网站、知识类游戏、语文视频教学课堂、微课学习网址、语文阅读网站等，让听障学生学会利用信息技术完成学习任务，假以时日，听障学生就会形成利用信息技术与互联网进行学习的习惯，如课外阅读、课后练习等。学生可以不受课堂学习时间的限制，可以上网收集相关生字新词以及课文相关背景知识，也可以在线完成学习任务，对教师提出的问题进行在线回答，强化知识的复习与巩固。此外，教师可以实施"在线虚拟课堂"的教学形式，强化对学生学习的组织与引导。例如，教师可以建立班级或者年级学习群，在群内对学习内容进行指导，并进行相关训练，了解学生在学习中存在的问题，给予及时的纠正与反馈；也可以提出问题，并指定一些学生回答，训练学生思维，在此基础上，对其他学生进行启发式引导。

在网络环境下，将信息化内容有效地与听障语文学科进行融合，把网络环境下语文学习资源和听障语文学习方式纳入学生的课程学习过程，使学生能够通过合作的方式进行学习，从而达到培养学生创新精神、提高实践能力的教育目标，实施途径如下。

1. 将信息技术以工具的形式与语文学科融合

将信息技术引入听障语文学科教学，可以形象地呈现难以理解的内容，清楚地显示讲解的结构。孩子们通过看、听等感观的感知来获取相关的知识，但是，直接参加操作的程度较低。

2. 将信息技术作为学生的认知工具

为了真正发挥信息技术的优势，我们必须打破信息技术单纯作为演示和知识呈现的局面，将信息技术作为学生的认知工具，实现信息技术与听障语文教学各要素的有机融合。在教学中，信息技术为学生创设了多元化、版主化和协

作化的学习环境，成为学生学习的认知工具。

（1）信息技术作为学习资源的获取工具

培养学生良好的信息素养是信息技术与听障语文教学融合的重要目标之一。其中，信息的获取能力是信息素养的基本组成部分。在信息化社会中，学生能够获取信息、有获取信息的途径、能够及时获取信息等，是学生学习取得成功的关键。信息技术为学生提供了大量丰富的学习资源，学生可以利用搜索引擎，在各种类型的网站和教育资源库中获取所需信息，突破了课本是知识主要来源的限制，拓宽了视野和知识面。

（2）信息技术作为情境创设的工具

①利用信息技术，创设社会、文化、自然等情境。

在教学过程中，学生通过数字化资源呈现出来的社会、人文、自然情境，进行积极的观察、分析和思考，激发了学习兴趣，提高了自己的观察力和思考能力。

②利用信息技术创设问题情境。

教师利用信息技术创设问题情境，让学生进行思考和探索，培养他们发现问题和解决问题的能力，提高他们构建知识意义的能力。

（3）信息技术作为沟通交流的通信工具

信息技术，尤其是网络通信技术，为学生之间的沟通交流提供了良好的技术支持。学生在学习中借助虚拟实验环境进行实际操作，培养了学科研究态度和能力，掌握了科学研究的方法与途径。

（4）信息技术作为知识建构的实践工具

在信息技术与听障语文教学的融合过程中，学生是知识的主动建构者，是问题的发现者、探究者和解决者。随着信息技术的迅速发展，它为学生提供了大量的知识建构的实践工具。

3. 将信息技术融入听障语文教学的各个领域

信息技术与听障语文教学融合的最高层次，就是将信息技术融入听障语文教学的各个领域，实现信息技术与听障语文教学的无缝衔接。信息技术可以在课堂讲授、自主学习、协作学习等领域发挥积极的作用，提高课堂教学效率，改进学生的学习方式。

在课堂教学过程中，教师可以利用多媒体和网络开发工具，将语文课程的部分内容，以多媒体、超文本、友好交互等方式转化成学习资源。根据教学需要，教师通过创设学习情境、剖析知识的重难点等，解决传统听障语文教学中不能解决的问题。

在自主学习过程中，学生可以利用信息化学习资源实现拓展学习；利用知识的建构工具重组、创造新的知识，实现知识意义的深层建构，形成良好的认知结构；利用学习评测系统和信息反馈工具实现自我学习的管理和监测。

在协作学习过程中，学生利用通信工具确立共同的学习目标，围绕共同感兴趣的问题（学习主题）进行研讨、探究、协商，在交流互动中实现知识的协同建构，加强人与人之间的沟通，提高合作能力。

总的来说，信息技术与听障语文深度融合的教学，不同于传统的语文教学，具有如下鲜明的特点：

（1）体现教师为主导，学生为主体。

（2）能满足个体需要，使学习具有个性化。

（3）以问题为中心，以任务来进行驱动。

（4）有足够的时间讨论交流、协商合作。

（5）学习具有一定的创造性和生产性。

信息技术与听障语文教学
从整合到深度融合的实践研究

国务院办公厅发布的《关于进一步加快特殊教育事业发展的意见》中提出："特教学校要根据残疾学生的特点积极开展信息技术教育，大力推进信息技术在教学过程中的应用，提高残疾学生信息素养和运用信息技术的能力。"信息技术与听障语文教学的深度融合需要在教学中实践。两者要达到无缝衔接，离不开精准的整合点、合理的教学设计、精彩的教学过程、深入的教学反思和科学的课题研究。《聋校义务教育语文课程标准（2016年版）》指出：注意信息技术对听障学生学习运用语言，与他人沟通所起的重要作用，构建网络环境下的学习平台，拓展听障学生学习和创造的空间，支持和丰富语文综合性学习，积极合理利用信息技术与网络的优势，丰富写作形式，激发写作兴趣，增加听障学生自己表达、展示交流的机会。因此，我们要发挥听障学生的视觉认知优势，通过信息技术在听障语文教学中的实际应用，探索信息技术与听障语文教学的深度融合的途径方法。本章从信息技术在听障语文教学中的优势、信息技术与听障语文教学深度融合的对策、信息技术在听障语文教学中的应用研究课题、信息技术在听障语文教学中的应用与实践以及信息技术与听障语文教学深度融合的案例及反思五方面加以阐述。

第一节　信息技术在听障语文教学中的优势

常人凭借视觉渠道获取外界信息占比83%，凭借听觉渠道获取外界信息占比11%。长时间的视觉刺激极易使人产生疲劳，但是长时间的听觉刺激却不易使人产生疲劳，所以在普通学校教学过程中讲授法使用频率最高，小学约占50%，初中约占70%。由于听觉刺激的大量缺失，听障学生在认知领域与健听学生相比，存在较大的差异，并且呈现出鲜明的特点，听障学生利用现存的听觉能力无法准确获取外界信息，他们会根据外部客观条件来选择视觉观察环境、表情、手势、体态等信号，通过视觉渠道代替缺失的听觉渠道来感知外界事物，然后与大脑中已经形成的语言和逻辑进行结合，形成他们自己独特的理解方式。

听障学生由于听觉障碍，难以通过声音获取信息，他们主要以目代耳进行学习，有异于普通学生的特殊要求，听障学生需要直观教学，而信息技术刚好可以很好地解决这个问题。科学运用信息技术能使抽象问题具体化、枯燥问题趣味化、静止问题动态化、复杂问题简单化，有效地提高听障学生课堂学习的实效性。那么，信息技术对于听障学生学习语文具有哪些优势呢？

信息技术集文字、图像、声音、动画、色彩等于一体，是一种现代化的直观教学手段，非常适合听障学生以目代耳的学习方式。因此，信息技术教学对于听障语文教学中具备以下优势。

一、有利于为教学提供感性材料

在听障语文教学中，只有为学生提供切合实际的感性材料，才能让他们真正了解词语意义，掌握语言文字，理解课文内容。由于受时间和空间的限制，大量的课文内容无法直接向听障学生提供直观形象的感性材料。而多媒体教学则能将直观形象搬进教室，化静为动，化远为近，变抽象为直观，变模糊为清晰，使听障学生更容易理解课文内容。

二、有利于激发听障学生学习积极性

新颖、富有趣味性的教育手段是激发听障学生学习积极性的重要条件。借助新技术直观、形象地再现客观事物或现象，使本来比较抽象的语言文字学起来不再枯燥，更容易让学生读懂课文内容。只有读懂了课文内容，才能读出味儿来；只要读出味儿来，就会越读越想读，只有这样学生才容易被文中情节所吸引，不断提高学习的积极性和主动性。

三、有利于提高语文的教学效果

信息技术辅助教学具有直观、生动、形象的特点，能有效引起听障学生的学习兴趣，学习过程中的眼看、口说、手写，有利于提高识记效果。同时，教师运用多媒体手段可以节省课堂上板书、组织演示的时间，把更多的时间用于组织语文实践练习，提高语文教学效果，促进听障学生语文的阅读、理解及写作能力。实践证明，运用信息技术辅助听障语文课堂教学，可以创设一个形象生动的情境，使抽象的、难以理解的语言文字变成直观、生动的视觉信息，突破教学难点，拓展教学"空间"；使听障学生的认知渠道多元化，在生动、形象的学习活动中，习得语言文字，发展抽象思维，开阔视野，增长见识。灵活多样的现代信息技术不但可以有效地提高教学效果，而且给人以美感，深受师生喜爱。

第二节　信息技术与听障语文教学深度融合的对策

何克抗教授在《如何实现信息技术与学科教学的"深度融合"》（《教育研究》2017年第10期）一文中提到的"信息技术与课程深层次整合"的整体目标是要变革传统的课堂教学结构，将教师主宰的"以教师为中心"的传统课堂教学结构，改变为既充分发挥教师主导作用，又能突出体现学生主体地位的"主导—主体相结合"的教学结构，而课堂教学结构的变革，正是"教育系统结构性变革"的最重要、最核心的内容，这正是信息技术与学科教学深层次整合的实质与落脚点，也是"深度融合"的确切内涵。

何克抗教授明确指出：实现信息技术与学科教学深度融合（深层次整合）涉及以下三个环节：一是"要深刻认识课堂教学结构变革的具体内容"；二是要实施能有效变革课堂教学结构的创新"教学模式"；三是要开发出相关学科的丰富学习资源，以便作为学生的认知探究工具、协作交流工具和情感体验与内化工具。那么，作为特殊教育学校的一线语文教师，要想实施信息技术与听障语文教学深度融合，需要做好哪几方面的工作呢？

一、理论联系实际，寻找实用的对策

首先要学习国家关于信息技术教育的相关指导性文件，学习国家新课程标准，深刻认识课堂教学结构变革的具体内容。笔者通过学习信息技术与学科的理论知识，再结合听障语文教学的具体实际情况，总结出信息技术融合与听障语文教学的策略主要有以下七点。

（一）找准融合点切入策略

信息技术与听障语文教学融合不是把整套教材与信息技术融合在一起，也并非把某一节课与信息技术整合在一起，而是要找到信息技术与教学的融合点。那何为融合点呢？在一节课的教学过程中，如果存在具有下列性质的教学步骤或环节，我们就称为融合点：采用常规教学手段实施存在困难或质量及效率方面存在问题，信息技术手段能够有效支撑或能够提高实施的质量及效率。从严格的理论意义上讲，钟绍春把融合点定义为："教学中任意一个步骤，只要信息技术支撑它的实施比常规教学手段好就称为整合点。"

在实践过程中，我们更应当关注那些常规手段支撑困难的步骤，只有那些步骤得到了有效支撑，教学的质量和效率才有可能实现大幅度提高。按照整合点的定义可知，一节课中可能存在一个或多个整合点，也可能一个也没有。教学中一旦有整合点时，就有必要引入信息技术。简单来说，整合点就是切入点。

（二）多种感官参与策略

在整合的过程中，力求为学生提供多种感官参与学习的气氛，让学生充分调动自己的眼、耳、脑、手、口并通过动手实验、操作学具，边想、边做、边练来感知事物、掌握概念。多种感官参与学习，能大大提高学生的感知效果，并使学生由被动学习变为主动学习。

（三）情境激励策略

学科教学的成功与否，很大程度上取决于学生对本门学科是否有兴趣。因此，融合过程中首先要解决学生想学、爱学的问题。情境激励策略，就是通过信息技术与学科教学融合来创设教学情境，开展课堂智力激励，要求学生面对问题情境积极设想解决问题的各种可能性，并通过增进师生的情感交流等有效手段，引发学习动机，使学生积极主动参与新知识的学习，极大地激发学生学习的热情。

（四）实践感知策略

语文课程中有些实践内容，但由于受到种种条件的限制，学生不能亲自参加实践。教师可以通过信息技术给学生呈现出一个真实或虚拟的学习环境，让学生在其中体会，学会在环境中主动建构自己的学习经验。

（五）协作探究策略

在科技发展日益迅速的今天，协作已经成为人们相互作用的基本形式之一，成为人类社会生存和发展的重要动力。在听障语文教学中，教师可以充分利用计算机网络，让学生在课内和课外进行协作学习、研究性学习，提高学生的综合素质和知识的运用能力。

（六）丰富学科知识，拓展学习内容策略

教师可以通过提供丰富的、与学习内容相关的高质量的学习资源，帮助学生阅读、理解、记忆和迁移，也可以利用搜索引擎、专门的网站、教育资源库等，开阔学生的视野，拓展其能力，满足其个性化的学习需求。

（七）疫情环境下实施听障语文网课教学策略

2020年春节前后，新型冠状病毒感染疫情使学校的正常教学秩序受到极大的影响，各级学校都陆续停课。教育部门提出了"停课不停学"的要求，我们特殊教育学校也不例外。面对突如其来的情况，我和课题组组员一起，先在线上集体备课，然后在"希沃白板"上编辑好课件，利用"钉钉""QQ直播"等软件进行直播教学，直播结束后，用"每日交作业""问卷星"布置作业，最后进行检测，圆满地完成了预定的授课任务。为了保证全体学生可以全程遵循教学要求参与到网课教学当中，教师首先按照网课教学要求为学生制订学习目标和标准化的学习计划。接着，根据学生实际情况备课，制作精美的网课课件。然后，在网上以"陪伴者"身份开展语文知识教学；实时鼓励学生参与网课教学当中，在直播中及时掌握学生的学习情况；合理利用提问、小游戏等与学生在网上互动，提高学生的学习兴趣；及时进行网上测试，检查学生的学习情况。这为后疫情期间的线上线下教学相结合构建了一种切实可行的教学模式。

二、努力探索适合听障语文的教学模式

信息技术与听障语文教学深度融合体现在课堂教学的每个环节上。教学中，课堂不能只是传授知识的场所，而应是探究知识的场所；课堂不能只是对学生进行训练的场所，而应是引导学生发展的场所；课堂不是教师一个人表演的舞台，而应是师生交流、互动的舞台；课堂不是教师教学行为模式化运作的场所，而应是教师教育智慧充分展现的场所。因此，恰当组织教学内容、采用多样化的教学方法、创新教学模式、有效引导学生的学习行为才是关键。

（一）基于资源环境的主题式教学模式

教师基于资源环境实施主题式教学模式可以参照以下操作程序。

1. 明确问题，阐述问题情境

建立提问意识，从多方面挖掘问题，明确问题，描述问题产生的情境，恰当地呈现或模拟问题情境，为进一步的探究做准备。

2. 形成假设，确定研究方向

在自己或别人的经验基础上，提出问题的答案和解决问题的原则、方法、思路，然后在论证过程中形成新的假设。

3. 实施、组织探究活动

这一过程是培养学生知识技能、情感态度与价值观的核心部分。

4. 收集、整理资料

有目的地收集、整理资料，并从资料中提取有价值的信息，使资料发挥最大作用。

5. 形成问题解决方案

由于解决问题需要学生建立多个问题空间，所以问题解决者必须将问题空间之间的认识或情境联系点结合起来。因此，我们应该做到：识别和解释问题求解者的各种立场和观点；生成多个可行的问题解决方案；收集足够的证据来支持或反驳各种意见，以支持自己或别人的论点；讨论和阐述个人观点，评价各种解决方案的可靠性，最终在最佳的行动方案上达成一致。

6. 展示或交流探究结果

根据探究的内容，开展相应的展示和交流、主要角色扮演和辩论等活动。

（二）基于任务驱动的阅读教学模式

基于任务驱动的阅读教学模式作为语文教学中一种常用的教学模式，主要有以下四个特点。

1. 寓知识于任务之中

教师必须将所传授的知识嵌入任务之中，要求学生通过完成任务获得知识。在完成任务的过程中，学生应该分析任务，提出问题，并研究问题的解决方案，最后通过实践实现最终目标。

2. 明确阅读任务

教师通常会为学生分配任务。在整个学习过程中，教师应指导学生完善和

深化他们的任务。

3. 形成组织结构

当完成分配的任务后，学生需要形成一定的组织结构，并且学习组织形式，通常是个人自我探究学习或小组协作学习。

4. 任务驱动阅读教学模式具体操作步骤

（1）确定合适的任务。根据学情需求，由教师确定适合的学习任务，创设具体生动的情境，引入复习。

（2）转化为若干个小任务。将每个学习模块转化为若干个易于掌握的小任务，通过这些小任务反映整体学习目标。

（3）任务不宜过大。每项任务涉及的知识点不宜过多，而且任务规模不宜过大。

（4）任务前后相连。前后任务之间最好有一定的联系，能反映知识的系统性。

（三）网络环境下的作文教学模式

依托网络环境，利用互联网丰富的共享资源，为学生提供多种感官刺激的素材，从而调动学生的写作积极性，引导学生进行网上查询、网上写作、网上修改、网上发布等。实施作文教学的一般步骤：

（1）创设情境，激发写作兴趣。在进行作文训练时，教师可以借助网络创设逼真的情境，学生通过进入情境后会获得真实的感悟，就可以发散式思维展开想象，激发起写作的欲望。

（2）在线查询，自主选定写作材料。学生根据自己喜好自主选定写作素材。

（3）在线构思，拓宽写作思路。选定写作材料后，接下来的任务就是把零散的内容通过构思串联起来。

（4）网上修改。先由教师批改，再由学生自我修改。

（5）鼓励学生把自己觉得满意的作文发布在网上。

（四）网络环境下的自主学习课堂教学模式

新课标倡导自主、合作、探究的学习方式，让学生成为学习的主人，如何借助信息技术，引领学生在语文课堂中进行自主学习，就成为摆在听障语文教师面前的新课题。

1. 激发兴趣，自主学习

假如学生对语文学科不感兴趣，他们根本就不能"主动获取知识，形成能力"，则教师要努力做到：创设氛围，激发兴趣；精彩导读，激发兴趣；学习竞争，激发兴趣；多元评价，激发兴趣。

2. 精彩导学，自主学习

听障语文教学中常出现"老师一说我就明白，可一做题我就糊涂"的现象，出现这种情况的原因是教师没有让学生积极参与学习，没有留机会让学生进行自我探索。这就要求教师在教学过程中要注意"引导"学生学习，促进学生的自主学习和探索。因此教师要做到：精彩导学，开辟自主的空间；巧妙设计问题，启发学生思考；明确目标任务，引导学生自主学习；学会质疑，点燃创造的火花。

3. 开展活动，自主学习

"纸上得来终觉浅，绝知此事要躬行。"新课程标准倡导体验式学习，语文教学应为学生创造参与活动的机会，为学生提供练习语言的机会，这对提高听障学生的语文素养很有帮助。根据听障学生的特点，教师可以创设如下活动：妙趣横生，课文小剧场；精彩人物，谁演得最像；游玩路线图，谁画得最准；跨越时空，采访剧中人物。

三、开发听障语文教学丰富的学习资源

（1）撰写一系列信息技术与听障语文教学深度融合研究论文，见表6-2-1。

表6-2-1

米秀兰	5G+智慧教育背景下聋校语文教学落实立德树人的途径探寻	2022年3月	《读与写》2022年第3期
	运用信息技术优化聋校古诗词教学初探	2015年8月	《珠江教育论坛》2015年第4期
	信息技术助力提高聋校语文课堂教学效率的实践与思考	2022年5月	《广东教学报》2022年第40期
	创设主题式、生活化课程环境提高听障学生沟通与交往能力	2014年3月	2014年广东省"听障学生综合沟通"学术论文评选三等奖
	情境教学在聋校语文教学中的运用	2018年9月	肇庆市特殊教育论文比赛获三等奖

续 表

	科学运用现代信息技术，优化聋校语文课堂教学	2012年3月	2012年广东省教育技术论文评选三等奖
米秀兰	信息技术在聋校语文教学中的应用研究	2021年12月	获肇庆市教育科技论文活动市级优秀论文
	5G+智慧教育背景下聋校语文教学落实立德树人的途径探寻	2021年12月	在广东省教育技术论文活动遴选中被评为入围论文
	微课在聋校高中小说阅读教学中的实践应用探索——以《林黛玉进贾府》为例	2021年12月	获2022年广东省中小学信息技术教育优秀论文教学设计活动中荣获二等奖
吴树辉	网络环境下听障学生语言能力的培养	2012年4月	2012年广东省教育技术论文评选二等奖
	信息技术背景下作文教学的"趣""真""活""实"	2013年5月	2013年广东省教育技术论文评选三等奖
	巧用网络资源，提高特殊孩子的写作能力	2014年6月	2014年广东省教育技术论文评选三等奖
	希沃白板在聋校语文教学中的应用	2022年3月	2022年广东省中小学信息技术教育优秀论文活动中荣获三等奖
冯雁玲	巧用信息技术，优化聋校低年级语文课堂教学	2012年7月	2012年广东省教育技术论文评选二等奖
	信息技术在聋校低年级识字教学中的应用	2013年5月	2013年广东省教育技术论文评选二等奖
黄金南	信息技术与聋校阅读教学整合的设计理念与策略	2013年3月	2013年广东省教育技术论文评选二等奖
	触摸互动一体机在聋校阅读教学中的应用	2021年9月	2021年广东省教育技术论文活动遴选中被评为展示论文
何丽贞	聋校初中语文教学中落实立德树人任务的有效途径	2021年11月	《中国科技经济新闻数据库 教育》2021年第9期
	视频在聋校初中语文教学中加强立德树人教育的优势	2022年4月	2022年广东省中小学信息技术教育优秀论文、教学设计活动中荣获一等奖
	利用微课提高听障学生的作文能力	2022年4月	2022年广东省中小学信息技术教育优秀论文、教学设计活动中荣获二等奖

续 表

江明玉	基于微课在听障小学语文中年级段阅读教学中的实践研究	2022年3月	2022年广东省中小学信息技术教育优秀论文活动中荣获二等奖
祝晓霜	微课在聋校高中诗歌教学中的应用策略	2021年8月	《家庭教育报·教师论坛》2021年第32期

（2）形成一系列信息技术与听障语文教学深度融合教学案例，见表6-2-2。

表6-2-2

序号	教学案例主题	执教者
1	信息技术助力听障语文教学中立德树人——《就英法联军远征中国致巴特勒上尉的信》教学设计及反思	米秀兰
2	信息技术助力听障语文学科育人功能——《我的叔叔于勒》教学设计及反思	米秀兰
3	借助信息技术创设彰显人文性的听障语文课堂——《卖火柴的小女孩》教学设计及反思	米秀兰
4	多技术融合自适应学习，让特教课堂绽放名著之花——《林黛玉进贾府》教学案例及评析	米秀兰
5	借助微课提升听障学生现代诗诵读能力——《祖国啊，我亲爱的祖国》教学案例及反思	米秀兰
6	借助信息技术提高听障古诗词的鉴赏能力——《琵琶行·并序》教学案例及反思	米秀兰
7	多媒体课件创设诗词意境，有感情地诵读品味诗词格调——《雨巷》教学设计及反思	米秀兰
8	信息技术架起生活与作文的桥梁——作文教学《我的校园》教学设计及反思	米秀兰
9	注重情感体验，发展学生语言能力——《我爱家乡》教学案例及反思	米秀兰
10	寓教于乐，让拼音学习更有趣——《a》教学案例及反思	米秀兰
11	希沃白板在听障小说教学中应用案例——《孔乙己》教学设计及反思	段传霞
12	层层设问，发展学生思维能力——《棉花姑娘》教学设计及反思	黄金南
13	借助信息技术融合生活化语文教学——《里外》教学设计及反思	冯雁玲
14	信息技术支持下的阅读教学——《十六年前的回忆》教学设计及反思	吴树辉
15	微课在作文教学中运用——《包裹蒸粽》作文指导教学设计及反思	何丽贞

（3）制作一系列信息技术与听障语文教学深度融合的精品课件，见表6-2-3。

表6-2-3

序号	课件名称	授课教师	采用教材
1	《我的家乡》	米秀兰	人教版五年级下册
2	《雪地里的小画家》	米秀兰	人教版一年级下册
3	《把字句被字句的互换》	米秀兰	人教版四年级下册
4	《精彩的马戏》	米秀兰	部编版五年级上册
5	看图作文《让座》	米秀兰	人教版六年级下册
6	《卖火柴的小女孩》	米秀兰	人教版三年级上册
7	《故乡》	米秀兰	部编版九年级上册
8	《沁园春·雪》	米秀兰	部编版九年级上册
9	《包身工》	米秀兰	部编版高中必修1
10	《琵琶行·并序》	米秀兰	部编版高中必修3
11	《林黛玉进贾府》	米秀兰	部编版高中必修3
12	《小猴子下山》	吴树辉	人教版一年级下册
13	《桂林山水》	吴树辉	人教版四年级下册
14	《小蝌蚪找妈妈》	吴树辉	人教版一年级下册
15	《我的伯父鲁迅先生》	吴树辉	人教版六年级上册
16	《故宫博物院》	吴树辉	人教版八年级上册
17	《制作特色贺卡》	吴树辉	广东省小学信息技术教材第二册
18	《五彩池》	吴树辉	人教版四年级上册
19	《十六年前的回忆》	吴树辉	部编版六年级下册
20	《太空一日》	吴树辉	部编版七年级下册
21	《夏天里的成长》	吴树辉	部编版六年级上册
22	《卖油翁》	吴树辉	部编版七年级下册
23	《三味书屋》	吴树辉	部编版七年级上册
24	《雪》	黄金南	全日制聋校实验教材第十册
25	《我会煮饭了》	黄金南	全日制聋校实验教材第十册
26	《骆驼和羊》	黄金南	聋校义务教育实验教科书第八册
27	《在金色的沙滩上》	黄金南	全日制聋校实验教材第十二册
28	《操场上》	黄金南	部编版一年级下册

续 表

序号	课件名称	授课教师	采用教材
29	《看图学句》	黄金南	聋校实验教材一年级下册
30	《花钟》	黄金南	部编版四年级下册
31	《我的乐园》	黄金南	部编版四年级下册
32	《棉花姑娘》	黄金南	部编版三年级下册
33	《百货商店》	冯雁玲	人教版六年级下册
34	《帮助李奶奶大扫除》	冯雁玲	人教版一年级下册
35	《认识单人旁》	冯雁玲	人教版四年级下册
36	《美丽的画》	冯雁玲	人教版四年级下册
37	《面条》	冯雁玲	人教版二年级上册
38	《认识蔬菜》	冯雁玲	人教版二年级上册
39	《岳红梅是个好孩子》	冯雁玲	人教版二年级下册
40	《书包铅笔》	冯雁玲	人教版一年级下册
41	《我最喜欢吃的水果》	冯雁玲	人教版三年级下册
42	《践行〈弟子规〉孝敬父母》	冯雁玲	人教版六年级上册
43	《要是你在野外迷了路》	冯雁玲	人教版五年级上册
44	《亡羊补牢》	冯雁玲	部编版五年级下册
45	《乡下人家》	冯雁玲	部编版六年级上册
46	《威尼斯的小艇》	冯雁玲	部编版六年级下册
47	《看升旗》	冯雁玲	全日制培智学校义务教育实验教科书六年级上册
48	《我的房间》	冯雁玲	聋校义务教育实验教科书一年级下册

四、推广信息技术在听障语文教学中的应用研究成果

为加快特殊教育的专业化建设，立足学校特殊教育需求及作为信息化中心学校辐射带动作用的需要，肇庆启聪学校联合各县区特教学校等多方机构共同开发了特殊儿童个别化教育支持资源系统——肇庆特殊教育服务平台。该平台集教师管理、资源管理、学生管理及教学教研于一体，依托平台构建特殊教育协作社群，针对特殊教育板块，突破传统教研在时间、空间、经费上的限制，为肇庆启聪学校及辐射学校教师管理、学生档案建立、教研活动组织与实施、

过程监管、资源管理及IEP（Individualized Education Program，个别化教育）课程支持系统等提供了便利，实现了教学—教研—管理—评价等各业务的全面打通。课题组把信息技术在听障语文教学中应用的一系列研究成果（包括研究论文、教学案例及反思、课件等）上传到肇庆特殊教育服务平台及肇庆市米秀兰名教师网络工作室平台，丰富肇庆特殊教育服务平台课程资源，为全市特殊教育同人提供学习资源，共同推进本地区特殊教育的发展。

第三节　信息技术在听障语文教学中的应用研究课题

　　《规划》在开篇直接引用了《国家中长期教育改革和发展规划纲要（2010—2020年）》中首次提出的重要命题——"信息技术对教育发展具有革命性影响，必须予以高度重视"，并作为统领《规划》制定与实施的总纲。教育信息化的意义是要"以教育信息化带动教育现代化，破解制约我国教育发展的难题，促进教育的创新与变革"，是"实现我国教育现代化宏伟目标不可或缺的动力与支撑"。

　　为了研究信息技术在听障语文教学中的应用，探讨信息技术与听障语文学科的整合及深度融合的具体做法，课题组主要通过以下几个课题进行研究。

附录1　2012年广东省教育技术研究课题

《信息技术在聋校语文教学中的应用研究》结题报告

一、课题研究的背景

　　21世纪是信息时代，知识传播的速度和容量都在以几何数字递增。以多媒体和网络为核心的现代信息技术的迅速发展使得知识不再以单一的文本形式来传递，而是融入了声音、图片、影像等多种媒体，知识内容的丰富与传递形式的多样不仅改变着人类的生产方式和生活方式，而且改变着人类的思维方式和学习方式。同样，信息技术教育普及成为聋校教育信息化的核心。信息技术的发展给教育本身带来了巨大的冲击，信息教育媒体的出现，引起了教育模式和教学方法的飞跃。进入21世纪以来，信息技术已成为最活跃、发展最迅速、

影响最广泛的科学技术领域。为此，世界各国对教育的发展及信息技术在教育中的应用均给予了前所未有的关注。信息技术如何更为有效地应用于教学方面的课题研究在普通教育领域已经取得了卓有成效的成就，而在特殊教育领域起步相对较晚。教育部在2001年颁布的《基础教育课程改革纲要》中明确指出："大力推进信息技术在教学过程中的普遍应用，促进信息技术与学科课程的整合，逐步实现教学内容的呈现方式、学生的学习方式、教师的教学方式和师生互动方式的变革，充分发挥信息技术的优势，为学生的学习和发展提供丰富多彩的教育环境和有力的学习工具。"《基础教育课程改革纲要》的颁布为信息技术教育的突飞猛进带来了新的契机。

（一）我校基本概况

我校创建于1989年，是一所对听障少年儿童实施九年义务教育、高中阶段（中等职业）教育的特殊教育学校。我校近几年来在上级领导的支持下，在教学设备方面投入了大量的经费，为每个教室配备了信息化教学平台，为每位教师配备了一台电脑，建立了校园网站，建立了专门的电脑教室。我校坚持"科研兴校"的观念，倡导研究型教育教学，打造研究型教师队伍。我校目前已经成为肇庆市特殊教育窗口学校，在肇庆地区的特殊教育领域发挥着辐射和带动作用。

（二）信息技术能促进听障学生的学习与发展

1. 信息技术为听障学生有效学习带来了极大的帮助

传统的封闭式教育模式让听障学生在接受教育的同时却隔绝了社区与社会。传统的黑板、粉笔式教育辅助手段对有听力残疾、知识面狭窄、逻辑思维能力不强的听障学生来说，根本无法有效地提高他们的学习，这已经得到所有特教学校工作者的一致认定。信息技术以图、文、声、像等形式将抽象的概念、定义形象化，将枯燥、晦涩的理论生动化呈现，发挥听障学生的优势，利用视觉、触觉等多种感官渠道来开辟更适合他们的学习方式，帮助他们扬长避短，实现有效的学习，为听障学生有效学习带来了极大的帮助。

2. 运用多媒体技术能促进听障学生的课堂学习

手语是聋哑人表达思想和日常交际的主要方式。教师在用手语讲授时，听障学生很难理解其中确切的含义，常常出现歧义，导致听障学生不能正确理解知识。将信息技术整合到听障语文教学当中，增强教学的直观性、形象性和生动性，帮助听障学生明白手语所要表达的意义以及所适用的情景。此外，利用多媒体技术具有的集成性、交互性和灵活性的特点，将文字、图形、动画、视频、声音等多种信息组合在一起共同呈现，能够提供灵活的教学方式和生动的教学手段。学习信息的即时反馈、可选的学习进度和学习路径，为听障学生提供了一个视、听（看）、读、写、做的自主学习环境。

3. 运用信息技术能提高听障学生的实践能力

在信息技术环境下的素质教育和创新教育就是要培养学生的信息素养，信息素养的培养对于听障学生的实践操作能力具有重要影响。听障学生在听觉言语上的生理障碍使他们需要比正常学生有更多的实践操作训练。而实践能力是素质教育的重要目标之一，它是以一定的学习资源为内容、以一定的操作方式为载体的运用能力和创造能力。信息技术环境下的听障学生实践能力，是听障学生以信息技术的学习资源为学习内容，以计算机网络和计算机多媒体为操作载体的综合运用能力，具体是指学习计算机的基本操作技能和各种应用软件的使用方法，学会使用网络资源来进行自主探究学习。

4. 利用网络资源能促进听障学生的自主学习

在信息技术飞速发展的今天，线上学习已逐渐成为一种新型且有效的学习方式。在网络环境下，听障学生可以打破时空限制进行自主学习、协作学习。网络环境学习具有学习资源共享性、学习过程交互性、学习方式个性化、学习目标多层次化等许多传统学习模式所不具备的优点。①教学活动本质的改变。课堂教学活动的本质从传统课堂的传授知识变成了师生双方的共同活动，是由教师的教与学生的学组合起来的共同活动过程，是对话，是交流，是沟通。②教学活动的基本形式的改变。传统课堂教学的基本形式是"讲—听"式，教师讲，学生听；教师说，学生记。但是在信息时代，一个人不可能仅仅通过听讲便掌握所有信息，因为据测算，人类近50年创造的知识总量比过去几千年累积的还要多。

二、聋校信息技术研究的现状

（一）课题研究的缘由

近年来，国家对特殊教育越来越重视，特别是第四次全国特殊教育工作会议中已经明确指出：加快特殊教育信息化建设，特教学校要根据残疾学生的特点积极开展信息技术教育，大力推进信息技术在教学过程中的应用。同时，发

达地区每年对特殊教育学校的硬件建设投入成比例地增长，很多新的信息技术设备走进聋校课堂，大量多媒体教学软件也进入特殊教育阵地。目前，很多先进地区的聋校教学中已经开展了信息技术对学科的整合方面的深入研究。但是综观本地区的特殊学校对信息技术的运用还局限在课件展示、欣赏等辅助教学上。如何借鉴兄弟学校先进的研究经验及成果，结合本地区的实际，更好地运用信息技术去改变传统的听障语文教学模式与教学方法，促进听障学生学习语文的积极性，提高教学质量，这是我们开展这个课题研究的出发点。

（二）课题研究的实践意义与研究价值

以计算机和互联网为代表的信息技术推动人类社会进入了信息化的时代，信息社会将从根本上改变人类的生存方式，毫无疑问，也将从根本上改变人类的教育方式和学习方式。研究信息技术在听障语文教学中的应用就是努力实践新一轮课程改革的重要理念：加强语文课与信息技术的有机整合，将信息技术作为资料的来源、交流的平台、认知的工具和管理的手段，并实践于课堂教学设计中，以此有效促进教师教育教学理念、学生的学习方式、教师教学方式和师生互动方式的更新以及教学内容呈现方式的根本变化。

（1）贯彻《聋校义务教育课程设置实验方案》精神，促进听障学生全面发展。从建构主义的理论中汲取新的教育观、学生观以及新的教育教学模式、教学方法与教学设计。在尊重听障学生发展的前提下，调动听障学生和教师的积极性、主动性，通过听障学生、教师和教学媒体三者的互动取得理想的学习效果。

（2）通过信息技术在听障语文课堂教学中的应用，探寻适合聋校的语文课堂教学模式和教学方法，积累教学课件及课例，并建立教学资源库。

（3）通过研究活动，提高听障学生的信息技术素养，并提升教师运用信息技术的能力和水平。

（4）将信息技术引入语文课堂教学，有利于为听障学生提供多样性的视觉刺激，这不仅符合听障学生的生理和学习特点，还有利于激发听障学生的学习兴趣，充分发挥他们的认知主体作用，实现其学习活动的自主性和有效性，从根本上转变听障学生的学习方式，提高听障学生的学习和实践能力。

（5）将信息技术引入语文课堂教学，有利于为教师提供多元化的教学观念、教学方法和思维方式的选择机会，从根本上变革教师的教学方式，提高教师的教学和研究能力。具体表现为以下几点。示范性：本课题涉及的内容为特殊教育教学改革的热点、难点，是推进以信息化带动教育现代化的重要举措，具有很好的示范作用和推广价值；创新性：听障学生利用信息技术解决语文学习过程中所遇到问题，是一个不断创新的过程，也是一个科学严谨、有计划的动手实践过程，它有助于培养听障学生的创新精神和实践能力；渗透性：把信息技术作为听障学生的基本认知工具，强调信息技术服务于语文课堂教学，教师和学生以一种自然的方式应用信息技术，把信息技术作为获取信息、探索问题、协作解决问题的认知工具；主体性：建构"教师为主导、学生为主体"为主要特征的信息技术与听障语文课堂教学模式，充分发挥听障学生在学习过程中的主动性、积极性和创造性。

三、课题研究的理论依据

（一）建构主义的理论观点

1. 学生的学

建构主义以学生为中心，强调学生对知识的主动探索、主动发现和对所学知识意义的主动建构。信息技术成果的支持使建构主义理论迅速走出理论家的象牙之塔，日益与广大教师的教学实践普遍地结合起来，从而成为各级各类学校深化教学改革的指导思想和批判传统教育思想与教学观念的锐利武器。

2. 意义建构

建构主义学习理论认为，意义建构是学习的目的，它要靠学生自觉、主动去完成。教师和外界环境的作用都是帮助和促进学生的意义建构。多媒体技术由于能提供界面友好、形象直观的交互式学习环境（有利于学生的主动探索、主动发现），能提供图文声并茂的多重感官综合刺激（有利于学生更多更好地获取关于客观事物规律与内在联系的知识），还能按超文本方式组织与管理各种教学信息和学科知识（有利于发展联想思维和建立新旧概念之间的联系），因而对学生认知结构的形成与发展，即对学生关于当前所学知识的意义建构是非常有利的，也是其他媒体或其他教学环境无法比拟的。

3. 情境

建构主义学习理论强调创设真实情境，把创设情境看作"意义建构"的必要前提，并作为教学设计的重要内容之一。而多媒体技术正好是创设真实情境的最有效工具，如果再与仿真技术相结合，则更能产生身临其境的逼真效果。

（二）布鲁纳的认知结构学习理论

这个理论的基本观点是，学习是通过认识形成认知结构的过程。在学习过程中，要重视主体的已有经验和内在动机的作用，充分发挥主体学习的主动性，促进其对学习材料的亲身体验和独立思考，自行去发现知识，掌握原理。他提出了学习的同化原则、结构原则、程序原则和强化原则。

（三）现代特殊教育的理论观点

现代特殊教育认为特殊教育是基础教育中不可分割的一部分，在教育全面转向素质教育的过程中，现代特殊教育不可避免地与高科技联系了起来。充分利用信息技术的特点，调动听障学生感官的有效参与，可以很好地提高听障学生的学习能力。

四、课题研究的对象

我校一到九年级的听障学生。

五、研究的目标与内容

实施这一课题，旨在通过本课题以信息技术为先导，以特殊教育理论和教育理论为指导，结合听障学生心理学和教育学及普通教育中信息技术整合与课程的教学模式和教学法，再根据聋校义务教育课程教学大纲的要求进行教学改革。其宗旨是在听障语文教学中有效地使用信息技术辅助教学，促进教学内容呈现方式、听障学生学习方式、教师教学方式和师生互动方式的变革，为听障学生创造多样化的学习环境，使信息技术真正成为听障学生认知、探究和解决问题的工具，创新听障语文课堂教学模式和教学方法，培养听障学生的信息素养及利用信息技术自主探究、解决问题的能力。子课题包括：①《信息技术在聋校作文教学中的应用研究》。其宗旨是在教学中有效地学习和使用信息技术，促进作文教学内容呈现方式、听障学生学习写作的方式、教师教学方式和师生互动方式的变革，为听障学生的写作学习创造环境，激发听障学生写作兴趣，培养听障学生观察能力，从而达到强化教学目标、优化教学过程和教学效果的目的，改变传统作文教学的教法，创新聋校作文教学模式和教学方法，从而构建信息技术环境下的聋校作文教学模式，提高聋校作文课堂教学效能。②《信息技术在聋校阅读教学中的应用研究》主要研究的内容：熟练地在语文阅读课堂教学中运用PPT、Flash等课件；探讨电子互动白板在聋校语文阅读课堂教学中的有效运用模式；初步形成基于网络环境的信息技术与阅读教学整合的课堂模式。③《信息技术在聋校词语教学中的应用研究》主要研究的内容：借助多媒体为听障学生创设生动直观的生活教学情境，帮助学生正确理解词语的意思及用法，化难为易，让课堂生活化，拓宽和丰富学生的词汇量。

六、研究的方法

本课题属应用研究范畴，采用行动研究法、经验总结法和文献研究法为主要研究方法。

（一）行动研究法

行动研究法是指在自然、真实的教育环境中，教育工作者按照一定的操作程序，综合运用多种研究方法与技术，以解决教育实际问题为首要目标的一种研究模式。课题组实验教师通过"研究"和"行动"双重活动，进行信息技术环境下听障语文教学模式研究的教学设计、教学课件制作、教学设计等，不断地进行实践和反思，进而提高行动质量，改进工作方法。

（二）经验总结法

经验总结法是指在不受控制的自然形态下，依据教育实践所提供的事实，分析概括教育现象，使之上升到教育理论高度的一种研究方法。

（三）文献研究法

文献研究法是指参阅有关信息技术环境下听障语文课堂教学模式研究的书籍资料（网络信息）的一种方法。

七、技术保证及具体分工

运用信息技术理论引领课题研究，由专家指导课题过程研究，确保课题研究的顺利进行。本课题邀请肇庆学院文学院副院长孟建安教授，肇庆学院计算机科学系、软件学院党总支书记黄伟副教授，肇庆市教育局电教站站长黄国洪教授为课题组指导专家。

一方面，我们积极参加了省电教馆举办的各项研讨活动，听取了各级电教馆领导、专家的辅导讲座，观摩了多名优秀教师的展示课，从理论到实践都获得了较大的提升，为课题研究注入了不竭的动力；另一方面，我们向网络求教，采用集体学习和个体自学相结合的方法，获得了源源不断的学习资源，提升了理论素养。

本课题由肇庆启聪学校米秀兰老师负责主持，子课题《信息技术在聋校作文教学中的应用研究》由吴树辉老师负责，《信息技术在聋校阅读教学中的应

用研究》由黄金南老师负责，《信息技术在聋校词语教学中的应用研究》由冯雁玲老师负责。课题培训统计表见表6-3-1，课题组教师参加信息技术学习统计表见表6-3-2。

表6-3-1

序号	时间	主讲人	单位	职务	讲座题目
1	2012年12月	米秀兰	肇庆启聪学校	教师	《课题研究的启动与实施》
2	2013年4月	周励群	广东省教育技术中心	馆长	《广东省教育技术研究课题开题培训》
3	2013年10月	黄　斌	中山科技公司	技术代表	《多媒体一体机的使用》
4	2015年5月	周励群	广东省教育技术中心	馆长	《广东省教育技术研究课题结题培训》

表6-3-2

序号	时间	姓名	培训内容	级别	人数
1	2012年12月	课题组教师	课题研究的启动与实施	校级	4
2	2013年4月	米秀兰	课题开题培训	省级	1
3	2013年5月	课题组教师	开题报告的撰写	校级	4
4	2013年7月	课题组教师	电子白板使用	校级	4
5	2013年10月	全体教师	多媒体一体机的使用	校级	40
6	2014年4月	课题组教师	课题中期检查汇报	校级	4
7	2015年5月	米秀兰	课题结题培训	省级	1
8	2015年7月	课题组教师	课题结题检查汇报	校级	4

八、课题研究的过程

本课题自2012年10月开始启动，2015年7月完成，分为准备、实施、总结三个阶段。

（一）准备阶段

组织课题组教师集中进行学习，增强对本课题研究意义的认识，进一步明确研究目标，掌握相关的研究方法，提升研究水平。

（二）实施阶段

按课题研究方案组织研究，并不断完善课题研究方案。进行阶段性总结。

(三) 总结阶段

收集整理课题研究的数据资料，并进行统计分析。撰写课题研究报告，做好课题结题报告。

《信息技术在聋校语文教学中的应用研究》课题实施步骤见表6-3-3。

表6-3-3

阶段	时间	研究任务	负责人	阶段性成果
准备阶段	2012年10月至2013年2月	文献查阅，资料收集与分析，形成案例研究综述	米秀兰	《聋校运用信息技术辅助教学现状问卷调查报告》
		现代教育技术课题研究的一般方法	米秀兰	—
		《信息技术在聋校作文教学中的应用》开题准备	吴树辉	—
		《信息技术在聋校阅读教学中的应用研究》开题准备	黄金南	—
		《信息技术在聋校词语教学中的应用研究》开题准备	冯雁玲	—
实施阶段	2013年3月至7月	信息技术在聋校作文教学中运用的途径	吴树辉	论文《信息技术在聋校作文教学中运用的途径》
		电子互动白板在聋校语文课堂中的有效使用	黄金南	论文《电子互动白板在聋校语文课堂的有效使用》
		合理运用信息技术进行词语教学	冯雁玲	论文《合理运用信息技术进行词语教学》
	2013年8月至2014年12月	信息技术环境下聋校作文教学的新模式	吴树辉	论文《信息技术环境下聋校作文教学的新模式》
		聋校语文课堂如何正确运用多媒体	黄金南	教学课件《骆驼和羊》
				课例《骆驼和羊》的教学反思
		低年级词语教学中如何合理运用信息技术	冯雁玲	教学设计
总结阶段	2015年1月至7月	收集整理课题研究的各项数据资料，并进行统计分析	米秀兰	《信息技术在聋校语文教学中的应用研究》结题报告
		收集整理子课题研究的各项数据资料，并进行统计分析	吴树辉	《信息技术在聋校作文教学中的应用研究》结题报告

续　表

阶段	时间	研究任务	负责人	阶段性成果
总结阶段	2015年1月至7月	收集整理子课题研究的各项数据资料，并进行统计分析	黄金南	《信息技术在聋校阅读教学中的应用研究》结题报告
		收集整理子课题研究的各项数据资料，并进行统计分析	冯雁玲	《信息技术在聋校词语教学中的应用研究》结题报告

九、课题研究的成果

我们根据听障学生视觉能力强的特点，结合听障教学的直观性通过三年的课题研究，探索出了几种信息技术环境下的聋校课堂教学模式（作文教学、阅读教学、词语教学），并改变了信息技术只在课堂中做点缀的现状，让信息技术真正成为教学工具、学习工具。

（一）运用信息技术使聋校语文课堂更直观

利用信息技术的直观性特点，很好地解决了听障学生逻辑思维和想象能力弱的特点，提高了听障学生的理解能力。由于听力缺失，听障学生逻辑思维发展迟缓，常规的教学媒体无法突破语文教学中的难点。听障学生的认知以具体、形象思维为主，善于记忆具体事物，因为他们需要时时集中精力用眼睛去认知，所以他们的视觉观察力就变得极为敏锐，往往有超越常人的天赋。而信息技术设备具有强大的直观性和动感性，这非常适合听障学生视觉能力强的特点，还易于突破难点。经过三年的研究，我们根据信息技术的直观性特点，摸索出以下三种教学模式。

1. 字词教学"直观演示"式

譬如，利用信息技术，引导学生正确书写汉字。具体操作方法如下：以动画形式吸引学生的注意力，从基本笔画开始，利用多媒体演示书写。本校大部分听障学生的学前教育几乎是零，连拿笔都不会，更不要说写字了。在还没有运用多媒体技术教学时，教师用粉笔在黑板上示范写，虽然教师用了不同颜色的粉笔来区分不同的笔画，学生还是很容易产生视觉疲劳。一个学生走神没学到，教师就要重复示范写一次，甚至不止一次，这样就会导致黑板不够用，也拖延了时间，降低了教学效率。有了多媒体教学平台后，无论是拼音还是文字，都可以采用动画的形式示范书写顺序。这不但能让学生看到清晰的书写笔顺及笔画在四线格或田字格中的位置，还能吸引学生的注意力，提高学生的学习兴趣，也大大地提高了学生的学习效率。教师在"特殊教育（听障）资源网"上可以找到聋校教材的拼音和生字的书写课件，把课件在屏幕上放大，可以让学生看得清清楚楚，课件可以循环播放，环保又实用，复习时也能随时拿出来，课堂气氛也活跃多了。利用信息技术制作的动画，可以分析字的结构和笔顺，把写字的全过程：起笔—行笔—收笔，直接展现在学生眼前，易于理解，且便于记忆和模仿。例如"弓"字的笔顺，第三笔"竖折折勾"不易掌握，教师就可制作一个"弓"字的Flash动画，把"弓"字一笔一笔按顺序画出来，使学生在认识笔顺的同时欣赏美丽的运笔动画，从而加深记忆。书写是记忆汉字最好的途径，合理地利用信息技术并结合自身的努力，就会写出规范、漂亮的汉字。通过计算机的书写演示，学生不仅可以掌握汉字的笔画笔顺、偏旁部首、典型的基本字及其结构，还可以正确理解和掌握汉字书写规律。

2. 阅读教学"创设情境"式

在阅读教学中，语文教师应从听障学生的实际和发展的角度出发，从平面的教材中走出来。现代信息技术的发展和多媒体课件的应用，使我们的课堂教学容量增大了、色彩丰富了、生动性增强了，从而为提高教学效率、增强教学效果提供了保障。聋校语文课件大多是通过PPT、Flash等软件制作的；有动画效果，可以促进师生互动，为听障学生创设情境，有助于听障学生理解课文。譬如，在教学《小蝌蚪找妈妈》一课时，由于一部分学生从小就住在城市里，不知道蝌蚪和青蛙有什么联系，教师在新课导入时用Flash演示小蝌蚪的生长过程和找妈妈的过程，学生看着Flash动画很快进入课文情境。针对听力稍好的学生教师可以配上优美动听和带有文字性的小蝌蚪与鲤鱼、乌龟和青蛙的童话般对话，生动地呈现课文所描述的故事情节。然后教师提问："你喜欢小蝌蚪吗？小蝌蚪的妈妈是谁？小蝌蚪是怎样变成青蛙的？最后它是怎样找到妈妈的？Flash动画演示得很具体，现在请同学们走进课文。"学生边读边思考，再次感受小蝌蚪找妈妈的经过，化形象为抽象，整体感知课文。教师借助现代多媒体教学技术突破了地域局限和感官局限，避免了手语的交流、空洞的说白、肤浅的想象，犹如把学生引领到乡间池塘里神奇的童话世界让听障学生自然沉浸在课文中，使学习课文变得轻松，兴趣盎然，也活跃了整个课堂气氛。

3. 作文教学"提供素材"式

写作文的首要问题是选取题材，题材来源于现实生活。听障学生和外界打

交道较困难，生活范围小，获取信息的途径少，写作题材必然会受到限制，常常觉得没东西可写。听障学生作文教学的关键在于教师如何激活、拓宽听障学生的思维，挖掘出有限的写作题材。运用多媒体将图、文、声、像并茂的写作素材直观展现在听障学面前，给他们提供具体可感的形象，充分调动他们的视觉参与活动，能激活他们的思维，使他们联想起更多的作文素材。例如，在教学《古井》后，我要求学生仿写一篇作文。开始，学生个个感到无从下笔，作文迟迟交不上来。后来，我想起前两天班上发生的一件好人好事：教室里的一个水桶很脏了，一个同学主动把它清洗得干干净净。我便借题发挥，以《水桶》为题，利用录像机拍摄了一段录像。内容包括三部分：水桶在教室里发挥的作用；一个同学主动清洗水桶却未张扬；"水桶事件"对同学们的启示。看了这段录像，学生的思路打开了：原来这么一件小事也可以写成文章。他们的思维被激活了，感到有东西可写、有感可发了，写出了《路灯》《风车》等好作文。

（二）运用信息技术优化聋校语文阅读教学，突破阅读教学的重难点

1. 利用网络，丰富阅读背景

学生在学习新课文之前，根据教师的课件设计，利用网络进行预习、自学，积极做好学习的情感储备和知识铺垫。

2. 巧借媒体，激发阅读兴趣

心理学认为，兴趣是积极探索某种事物的认识倾向，它是听障学生学习的动力源，是智能和心理发展的催化剂。课堂教学开始部分的导入环节至关重要。根据听障学生认知以具体、形象思维为主的特点，充分运用直观手段，建立丰富表象，无疑是听障学生最佳的激趣方法。

3. 创设情境，帮助学生理解课文内容，突破教学重难点

在研读课文环节，信息技术重在呈现情境，因为信息技术可以超越时空把一些场景复制、模拟甚至再现出来，可以使抽象的事物具体化，静态的东西变鲜活，听障学生借助信息技术列举出一个个生动的、活泼的、具体的形象，自然而然地进入文本情境，体悟文字情味。我们运用现代信息技术，通过模拟演示、场景再现，让听障学生进行观察、比较、分析、综合、抽象和概括。在阅读教学过程中，我们不能将教学要求仅仅停留在"创设情境"上，而是要在"创设情境"时提出有深度的中心问题或更高的阅读要求，通过引导听障学生经历阅读理解的思维过程，以达到培养智能、启迪思维的阅读教学目的。

4.课后延伸，拓宽阅读面

现代网络具有丰富的阅读教学资源，利用网络进行阅读，已成为语文研究性学习、拓展语文学习资源、丰富语文学习内涵、凸显语文实践活动的重要方式。在每一篇课文教授后，教师引导学生就课文素材，搜寻更多的阅读材料加以整理与阅读，延伸课堂阅读教学，拓展阅读学习内容，挖掘学生阅读潜能。

（三）利用信息技术的资源优势，提高听障学生的自主学习能力

经过研究发现，信息技术不仅可以优化聋校词语教学、阅读教学、作文教学，还可以促进学生自主学习。由于听力缺陷，导致听障学生接受信息的渠道单一，信息量少，直接结果是听障学生在学习中缺乏大量信息的支持，不能很好地进行自主学习。聋校课堂教学中的"传授式"教学还比比皆是，这与现代特殊教育的学生培养要求是不相符的。信息技术强大的信息量可以很好地解决这个问题。譬如，利用交互式电子白板辅助教学。交互式电子白板是一种在新的教学环境下开发出的教学系统，汇集传统的黑板、投影仪以及计算机等功能于一体，它的人性化、多元化的设计，使信息技术与教学有机结合在一起。交互式电子白板具有强大的信息展示功能，不仅可以展示图像、文字、声音、动画等教学需要的知识，还具有书写和绘画功能，能够实现硬笔、毛笔、水彩笔、荧光笔等书写效果的转换，可以对书写内容执行拖曳、放大、旋转、擦除、遮罩等操作，构建成一个大屏幕、多维度、节奏紧凑、生动有趣的互动课堂，扩大了课堂容量，能吸引听障学生注意力，激发听障学生学习兴趣，实现了教师、学生和文本三者间多方位、多角度的对话，优化了教学过程，提高了教学效率。因为听障学生主要通过视觉感知客观世界，其感知活动在质和量上都受到了局限，所以他们获得的感性知识就比较贫乏、杂乱和浮浅。听障学生的思维带有明显的直观形象性，主要借助于形象和动作进行思维，能完成的综合分析和抽象概括颇为简单，较难正确认识客观事物的本质特征和内在联系。信息技术打破了师生交流的障碍，使听障学生头脑中形成的事物表象与词汇结合统一起来，将他们的思维纳入以语言为基础的轨道，促使其向语言逻辑思维转化。

此外，在聋校作文课中，听障学生也能使用Word写作文和修改作文，培养计算机操作能力。教师在布置了作文题目、讲清要求和方法后，可以让听障学生在网上查阅相关资料、选材、确立主题。听障学生利用Word软件直接在电脑

上写作文，然后发到学校的网站上，他们可以看别人的作文，对别人的作文进行评论并提出修改意见。在上作文讲评课时，教师可利用Word软件中的修订功能修改听障学生的作文，帮助听障学生提高作文水平。听障学生在看完教师的演示后，学习对自己的作文进行修改。

（四）统计分析

实验班学生的语文学习兴趣提高了，每学期考试都达到了学校预定的目标，同时，实验班学生的信息技术素养也明显高于其他班。通过研究改变了教学过程中教师、学生、教材之间的关系。教师的角色从单纯地讲授知识转变为设计教材；学生从单纯地接受知识转变为自我学习、自我发现，使教学更加生动。通过研究改变了听障学生的学习方式，信息技术的支持使得听障学生的学习更具有自主性、主动性、兴趣性。实践证明：合理运用信息技术，可以有效激发听障学生学习兴趣，有效突出重点、突破难点，有效拓宽听障学生知识面，有效促进听障学生思维发展，同时可以促进教师和学生信息技术素养的提高。

学生方面的数据对比见表6-3-4。

表6-3-4

项目	实验前占比（%）	实验后占比（%）
对使用信息技术上课的喜爱程度	35	87
认为使用信息技术上课增强了自己对学习的兴趣	40	95
认为信息技术拓宽了自己的视野	48	90
认为听障学生在学习中更应使用信息技术	32	89
认为使用信息技术上课对发展和提高自己的思维能力有帮助	20	75

（五）信息技术设备的投入

通过申请，学校加大对信息技术设备的投入力度，每个教室都配备多媒体一体机，同时，其余学科也能全部使用信息技术设备，这样能更有利于学生的课堂学习和课后学习。

（六）课题组成员情况

课题组成员努力工作，积极进取。其中，米秀兰老师是肇庆市名教师、市级学科带头人，2012年被晋升为特殊教育小学高级（副高级）教师；冯雁玲老师是省级骨干教师；吴树辉老师是省级优秀特教老师，曾单独承担市级的课题研究，积累了较为丰富的研究经验。每位课题组成员在研究过程中都取得了不少成果。

十、课题成果实践应用推广阶段（2016年8月到2022年8月）

课题结题后我们并没有停止研究，而是在实践应用中不断反思总结，撰写了10多篇课题成果论文，到目前为止已完成课题成果专著文稿《从整合到深度融合——信息技术在聋校语文教学中的应用实践》的全部文稿。

在课题结题后，我们用将近六年的时间继续探索信息技术在听障语文教学中的应用，在教学实践检验过程中贯彻《聋校义务教育课程设置实验方案》精神，提升教师运用信息技术的能力和水平，将信息技术引入听障语文课堂教学。根据国家的指导性纲要文件，指导思想从最初的"信息技术与学科课程教学整合"到最近几年的"信息技术与学科课程教学深度融合"，深入学习何克抗教授的专著《信息技术与课程深层次整合理论：有效实现信息技术与学科教学深度融合》（第2版）以及黄建行、雷江华所著的《信息技术在特殊教育中的应用》等专业书籍，从中学习理论知识，用以指导研究实践。

2016—2022年，课题组成员继续围绕信息技术在听障语文教学中的应用每年推出一节公开课，在此基础上，学习参照《跨越式实现高效课堂——信息技术与课程整合高效教学方案反思》，对自己较为满意的课例进行二次加工以及综合反思，不断改进教学设计，提升教学效率，形成教学案例及反思集，并把精品课件上传到肇庆特殊教育资源平台，形成系列精品课件，充实肇庆特殊教育资源库，发挥我校作为广东省信息化中心校的示范作用。

作为课题主持人，我充分发挥肇庆市名师工作室的示范引领作用，利用实验课、示范课推广信息技术在听障语文教学中的应用的教学模式：在2021年12月13日肇庆米秀兰名师工作室与广东省闫延河名师工作室联合活动中，我讲授了示范课《包身工》，组员黄金南讲授了全校语文观摩课《棉花姑娘》；利用专题讲座的形式推广信息技术应用于特殊学校语文教学模式：在2022年6月20日肇庆市米秀兰、莫金英特殊教育名教师联合研修活动中开展《借助信息技术优化特殊学校生活化语文教学》专题讲座，2022年9月25日在云浮市"强师工程"特殊教育学校教师培训班开展专题讲座《十年磨一剑——"信息技术在聋校语文教学中的应用研究"成果分享》。

十一、课题研究取得的成效与存在的不足之处

（一）课题研究取得的成效

多年教学实践证明，聋校普遍存在教学模式落后的弊端，课程的实施和教学方式过于依赖以知识结果获得为目的的接受性学习、死记硬背、机械训练等方式方法。在这种教学模式的影响下，听障学生学习的主动性没有得到充分调动，教学质量低下，教学空间单薄。经过该课题的研究和实践，我们发现通过正确运用信息技术，可以优化听障语文教学，取得的成效如下。

1. 优化了教学过程，提高了教学质量

将以计算机及网络为核心的信息技术作为教学环境的创设工具和促进学生学习的认知工具，应用到聋校各学科教学过程中，将各种教学资源、各个教学要素和教学环节进行了很好的组合、重构、融合，优化了教学过程，提高了教学质量。

2. 培养了听障学生掌握信息技术的学习方式

海量的网络信息，使人类的学习方式从接受式学习转变为自主学习、探究学习、研究性学习和协作学习。通过课题研究，我们初步培养了听障学生利用资源进行学习，学会了在数字化情境中进行自主发现，学会了利用网络通信工具进行沟通交流、合作讨论式的学习，学会了利用信息加工工具和创作平台进行实践创造的学习。

3. 促进了聋校教师信息技术水平的提高

一方面，课题研究促进教师学习并掌握了一定的信息处理、信息采集等技术；另一方面，教师将信息技术运用于教学的水平也获得了不断提升，表现在：能够利用多种媒体资源，制作多媒体教学课件；能够利用多媒体技术进行授课；能够利用交互白板进行教学；能够利用网络教室开展教学。

（二）课题研究存在的不足

（1）课题研究没有很好的特殊教育信息技术理论的支持，理论支持基本来源于普通教育的研究理论，这对今后的进一步研究是不利的，这也亟须我们这些从事特殊教育的一线教师和特殊教育专家去解决。

（2）信息技术应用教学要有度。信息技术在聋校中的充分利用，能很好地促进学生的学习，但是运用一定要有度。我们在教学中也非一味强调运用信息技术手段，而是根据学生的实际情况和教材内容适当运用。具体来说有"三适"：一是"介入适时"，即教师依据教学大纲，遵循学生的认识规律，设计出周密的信息技术介入方案，把信息技术用在关键时刻；二是"选择适当"，即不同的电教媒体具有不同的教学功能和特点，同时各自存在着局限性，因此教师要根据学生的年龄特征选择适宜的教学手段；三是"应用适度"，即运用信息技术进行教学整合，通过音、色、光、形的和谐运用，能够激发学生兴趣，启迪学生思维，力避哗众取宠、喧宾夺主，偏离教学主题，进而产生副作用。

（3）信息技术模式要不断优化。信息技术与学科整合的研究成果要进一步推广到教学中去，其中很重要的一点就是不断优化信息技术环境下各学科教学模式，使之更趋科学化和合理化，形成一套可操作的方案。要让每个教师既认识到信息技术与学科整合的优势，又能真正将信息技术运用于教学之中，最终让每个学生都能自觉地利用信息技术自主学习，提高素养，充分发展。

（4）师生信息素养要不断提高。要实现信息技术与学科教学的有效整合，很大程度上取决于师生的信息素养。因此，学校要从教师培训机制、学校课程设置、人员经费投入等方面进行综合改革，切实为信息技术与学科的有效整合提供保障。

总之，随着信息技术广泛应用于课堂，教师必须不断提高信息素养，如收集、筛选和处理信息的能力，课程开发和整合的能力，信息技术与教学有机结合的能力，有效整合课程要素的能力，指导学生开展研究性学习和合作学习的能力，等等。因此，教师要树立终身学习的观念，不断提高自己的信息素养和科研能力。

附录2 2021年肇庆市"十四五"教育规划课题

《5G+智慧教育背景下聋校语文教学中微课的应用研究》开题报告

一、选题背景

（一）选题意义

1. 新课程标准要求信息化课堂

《聋校义务教育语文课程标准（2016年版）》中明确提出：注意信息技术对听障学生学习语言，与他人沟通所起的重要作用，构建网络环境下的学习平台，拓展听障学生学习和创造的空间。

2. 聋校语文教学需要信息技术的支持

由于听障学生以目代耳的学习特殊性，一位教师、一块黑板、一支粉笔的传统教学模式已无法满足特殊学生的学习需要，我们需要借助多媒体技术辅助教学，更需要把微课等教学资源存放在教学平台上，让有需要的学生观看。借助信息教育技术2.0工程以及5G+智慧教育这股东风，结合我校即将建成肇庆市特殊教育信息化中心校这一契机，本课题预期可以遴选优质微课资源，成立微课资源库，借助信息化中心校的网络平台，在各县区特殊教育学校语文课堂推广应用，产生辐射及带动作用，推动本地区的特教事业向前发展，共同落实党的十九大"办好特殊教育"的决策部署。

（二）国内研究现状

在知网上以"聋校微课"和"听障学生微课"为主题进行搜索，得到表6-3-5数据（截至2021年9月）。

表6-3-5

年份	2013及以前	2014	2015	2016	2017	2018	2019	2020	2021
发表篇数	0	1	5	12	6	6	8	4	3

经过对聋校微课相关文献的梳理发现，微课在聋校方面的研究相对微课在普校方面的研究还是比较少的。从梳理的相关文献来看，国内微课在聋校的研究主要集中在理论研究和实践应用两个方面。理论研究方面主要体现在针对聋校听障学生的微课设计开发理论总结；实践应用方面主要体现在将微课设计开发理论应用于聋校语文课堂实践教学。

国内听障类微课研究在逐步深入，从开始关注听障类微课开发，向关注微课在聋校教学中的应用及应用效果转变，但仍存在一定的不足：微课教学应用模式的实证研究较少，需要加强探索新型有效的课堂教学应用模式和途径，更好地发挥微课的应用价值，实现信息化环境支持下的教育教学方法的不断创新。

二、核心概念界定

（一）5G+智慧教育

5G+智慧教育即5G环境下的教育，智慧教育是指信息化、数字化、智能化的教育，其发展离不开各种前沿科技与智能设备的鼎力支持。5G与教育的融合，既有利于促进更多场景化、体验式教学项目的线上实现，也有利于扩大在线教育资源的共享。

（二）微课

微课是一种建立在现代教育信息技术基础上继承与发展起来的一种新型教学方式，它制作方便、短小精悍、类型丰富、针对性强，强调对某个知识点的教学，能在很大程度上调动学生的学习积极性，达到提高课堂教学效率的目的。微课依托网络平台，学生在课堂前利用微课预习，教师在课堂中利用微课展示学习目标、分解重点难点、创设多元化的教学情境，学生在课后还可以利用微课对知识点进行复习巩固。

（三）聋校语文教学

聋校语文教学是指针对听力障碍、听力残疾学生的语文教育教学工作。语文教学核心是培养学生获得基本的语文素养，丰富语言积累，关注情感体验，激发学习语文的兴趣，培养语感，发展思维。但由于听障学生听力受损，聋校语文教学更需要信息技术的支持。

（四）应用研究

应用研究是为获得新知识而进行的创造性研究。应用研究是探索基础研究成果的可能用途，或是为达到预定的目标探索应采取的新方法（原理性）或新途径，为解决实际问题提供科学依据。本课题主要研究微课如何应用于聋校语文教学。

三、目标与内容

（一）研究的目标

推进信息技术与听障语文教学的深度融合应用，以信息技术的应用为突破口，以微课的开发与应用研究为切入点，抓住课堂教学的各个环节进行实践，探索微课制作和应用的一般规律和方法，借助微课提高聋校语文课堂教学效率，满足听障学生的特殊需要，促进教师专业化发展，遴选优质微课资源，成立微课资源库，借助信息化中心校的网络平台，为特教同人提供便利，发挥信息化中心校的示范引领作用。

（二）研究的内容

学习微课的相关理论知识，开展微课设计环节研究，学习微课制作方法；重点研究微课在聋校阅读、写作教学及古诗词教学中的应用研究；开展微课的听评课活动，提高语文课堂教学效率，结合教学案例分析微课在聋校语文教学

应用中出现的各种问题及学生的反馈意见，总结形成微课在聋校语文教学中的应用模式；建设我校的语文微课资源库，结合学校信息中心校建设，推广微课资源在聋校语文教学中的应用。

四、研究思路与方法

（一）研究思路

首先，查阅文献梳理微课的发展脉络，总结微课的特征，厘清微课与"微课程""翻转课堂"等概念的关系；其次，根据听障语文学科的特点以及听障学生学习特点及其身心发展规律，以课堂教学为切入口和突破口，从课前制作微课、课堂上师生双边活动入手，改革传统课堂的授课模式，满足听障学生的特殊需要，使微课在听障语文教学课堂上发挥最佳作用，提高听障语文教学效率，继而分析研究在微课应用过程中出现的各种问题，重点探索听障语文教学中微课应用策略与模式；再次，通过微课的开发设计，形成语文课堂学习的重要补充和拓展资源，满足学生对不同知识点的个性化学习；最后，遴选优质微课资源，建立微课资源库，利用信息化中心校网络平台，为特教同人提供便利。

（二）研究方法

（1）文献研究法：查阅互联网、图书、报刊等与本课题相关的研究资料。

（2）调查法：通过观察、访谈、问卷调查等方法了解学生对于微课使用前后的认识对比。通过在听障语文课堂中使用微课，了解学生对微课的看法，了解学生在接受微课授课过程中的发展状况。

（3）行动研究法：创设微课，在教与学的互动过程中不断及时解决问题，以对方案的可行性及有效性做出正确的判断。平时上课使用微课辅助教学，研究微课的开发以及在语文教学中的应用模式。

（4）案例研究法：对微课教学中的教学行为进行反思，总结经验，积累资料，探索微课在听障语文教学中的应用模式。

（三）研究计划

本课题研究预期两年完成，分三个阶段进行。

第一阶段：课题准备和初步开展阶段

确定课题研究工作，查阅文献，申报课题，成立课题组，课题成员分工，确定研究方案。

第二阶段：课题实施研究阶段

经专家组审查批准立项后，开始实施课题研究。按照研究目标及分工，课题组成员开展听障语文教学中微课的应用研究，写好开题报告，参加微课制作培训学习，开展优秀实验课例、优质微课教学设计、课件、教学实录评比，探讨微课在听障语文课堂中的应用模式。主要成果：教学设计、微课设计、教学反思及教学实录、中期研究报告及相关研究论文。

第三阶段：课题研究总结阶段

分析、总结研究情况，收集整理研究过程资料：研究论文集、优质微课集、教学案例或教学设计集，撰写结题报告，召开结题汇报会。

五、具体分工

主持人负责申报课题及撰写开题报告，构思规划整个课题的研究，检查落实课题研究过程中的各项工作，督促成员完成各种过程性资料的收集与整理，并整理成论文集、教学课例集、教学实录集，负责中期报告、结题报告的撰写。

本课题邀请学校信息技术教师作为技术指导，吸收了五位聋校语文教学一线优秀教师，其中两位教师负责5G+智慧教育背景下聋校作文教学中微课的应用研究，并收集整理其过程性资料；一位教师负责聋校中学语文阅读教学中应用微课研究，并收集整理其过程性资料；一位教师负责聋校小学中年级段语文阅读教学中微课的应用研究，并收集整理其过程性资料；一位教师负责微课在聋校高中诗歌教学中的应用研究，并收集整理其过程性资料。

本课题组人员结构合理，科研水平高。课题负责人主持过广东省电教化课题《信息技术在聋校语文教学中的应用研究》（课题编号：yjjy12B039）（2016年3月已结题），广东省中小学（中职学校）德育、心理健康教育课题《践行〈弟子规〉促进听障学生良好习惯养成研究》（课题立项号：GDDYYJ14158）（2016年12月已结题）。课题组其他成员教学经验丰富，教研能力强，均支持或参与过省、市级课题研究，发表过多篇论文，信息技术能力强，能保证课题研究质量。

附录3 **2022年广东省教育科学研究项目**

《信息技术与听障语文教学深度融合实践研究》开题报告

一、研究背景

2012年3月，教育部发布了《教育信息化十年发展规划（2011—2020年）》。为实现教育信息化，我们要充分利用和发挥现代信息技术优势，实现信息技术与听障语文教学的深度融合。"深度融合"的内涵与实质是找到一种全新的、能实现"教育系统结构性变革"的途径与方法，以发挥信息技术对教育发展的作用。

二、研究意义

在信息化2.0时代，信息技术与学科教学深度融合成为教育教学研究热点。

（1）信息技术与听障语文教学深度融合是教育信息化发展的必然要求。

（2）信息技术与听障语文教学深度融合是新课程标准的内在要求。

（3）信息技术与听障语文教学深度融合是听障学生缺陷补偿促进发展的重要手段。

三、研究现状

关于信息技术与普通中小学语文教学深度融合的专著、论文有很多，但在特殊教育领域的研究却寥寥可数，由此可见，信息技术与听障语文教学深度融合的研究还处于空白状态，有待一线教师来研究实践。因此，信息技术与听障语文教学深度融合是一种必然选择。

在广东省中小学教师信息技术应用能力提升工程2.0活动中，肇庆启聪学校开展了一系列的信息技术培训活动，我校成功申请了广东省中小学教师信息技术应用能力提升工程2.0专项科研课题《多技术融合下特殊教育学校高效课堂构建的策略研究》。我校根据特殊教育学校课堂的特点，立足本校实际，将交互式电子白板、屏幕共享、问卷星、希沃白板、微课、101教育PPT等软件应用于课堂教学。因此，借助我校浓厚的教研氛围，我申请本课题，旨在提高组员的信息技术融合与听障语文教学的能力。

四、本项目的总体框架和基本内容，拟达到的目标（阶段性目标及总体目标）

（一）厘清信息技术与听障语文教学深度融合的内涵

（略）

（二）弄懂信息技术与听障语文教学深度融合的理论基础

（1）"深层次整合理论"。

"深层次整合理论"对"整合"的基本内容和"整合"的具体目标与最终目标做出了科学的阐述："整合"的基本内容就是要"营造信息化教学环境"——该教学环境应能支持情境创设、启发思考、信息获取、资源共享、多重交互、自主探究、协作学习等多方面要求的教与学方式，即变革传统教学结构。

（2）人权理论。

人权理论保障特殊学生享受信息技术的权利，是实现特殊教育目的和使特殊学生获得受教育权的重要手段。

（3）建构主义学习理论。

（4）人本主义学习理论。

（5）传播理论。

（6）康复理论。

（三）遵循信息技术与听障语文教学深度融合的原则

（1）教学目的性原则。

（2）教师主导与学生主体相结合原则。

（3）听力缺陷补偿原则。

（4）直观性与抽象性相结合原则。

（5）多元评价原则。

（四）探讨信息技术与听障语文教学深度融合的路径与方法

根据听障学生的实践和语文课程的要求，信息技术与听障语文教学深度融合的路径与方法主要包括以下三方面内容：

（1）教学设计。

（2）教学实施。

（3）课外拓展。

五、拟突破的重点、拟解决的关键问题及主要创新之处

本课题主要研究信息技术与听障语文教学从整合到深度融合的转变，通过将

信息技术有效地融合于听障语文教学过程来营造一种信息化教学环境，是一种以"自主、探究、合作"为特征的新型教与学方式，由以"教师为中心"的教学结构转变为"主导—主体相结合"的教学结构，实现对"课堂教学结构"的变革。

六、本项目的研究方法、研究手段和研究计划

（一）基本思路

本课题以理论学习先行，实践操作随后，以课堂教学为切入口和突破口，从课堂上师生双边活动入手，改革传统课堂的授课模式，满足听障学生的特殊需要，体现教师为主导、学生为主体的教学思想，在语文教学课堂上发挥信息技术的优势，提高听障语文课堂效率。本课题分析研究在信息技术应用与课堂教学过程中出现的各种问题，建构"主导—主体相结合"的教学结构，实现对"课堂教学结构"的变革，满足听障学生的个性化学习。

（二）研究方法

1. 文献研究法

查阅互联网、图书、报刊等与本课题相关研究资料。

2. 调查法

通过观察、访谈、问卷调查等方法了解学生对于信息技术在课堂上使用前后的认识对比。

3. 行动研究法

借助信息技术常用软件，在听障语文教与学的互动过程中不断及时解决问题，以对方案的可行性及有效性做出正确的判断。根据软件的特点以及听障学生学习语文的特点，研究信息技术与听障语文教学深度融合的路径及方法。

4. 案例研究法

在研究过程中通过教学设计、课堂实施、课后反馈，对教学中的教学行为进行反思，总结经验，积累资料，总结规律，形成教学案例及反思。

（三）研究过程总体安排和进度

1. 研究的三个阶段及时间

本课题研究时间为两年（2022年10月至2024年9月），共分三个阶段，具体如下。

（1）准备阶段（2022年10月至12月）

成立《信息技术与听障语文教学深度融合实践研究》课题小组，落实好每

个组员的具体分工。小组成员对如何进行此课题的研究做好前期调查研究，提出研究方案，参与信息技术与听障语文教学深度融合的理论学习培训；负责人撰写课题立项报告，制订课题研究的活动计划；课题小组开会学习讨论有关课题研究的文献资料，收集整理，为今后的课题研究提供理论依据，组织撰写开题报告。

（2）研究阶段（2023年1月至2024年5月）

课题小组组织课题阶段实施，开展教学实践活动，课题组成员每人每学年准备一节公开课，并组织信息技术教师和语文教师听课评课，对信息技术与听障语文教学如何深度融合做进一步探索；摄制优秀实验课例录像；收集优质教学设计、课件、教学实录等参加各级比赛；分析所有材料与数据，完成课题中期报告及研究论文。

（3）总结阶段（2024年9月）

准备结题，整理有关材料。挑选优秀教学设计及反思、课件、教学实录上传到信息化中心校平台让各县区同人使用，收集反馈意见，撰写课题研究结题报告，申请结题，做好结题工作。

2. 预期成果及效益分析

理论成果，出一本专著《信息技术与听障语文教学深度融合实践研究》。实践成果：论文集、教学设计集、教学案例及反思集、研究报告等。研究成效：提高聋校课堂效率，提高教学质量；促进教师专业化发展，提高教师运用信息技术的水平；满足听障学生的特殊需要，激发学生的学习兴趣，提高学生自主学习能力。

七、负责人前期研究基础

（一）负责人具备了一定的教育科研能力及积累了一定的研究基础

负责人米秀兰从事听障语文教学26年，是肇庆启聪学校教师，特殊教育高级教师，肇庆市名师工作室（特殊教育）主持人（2021—2024年），肇庆市基础教育系统首批学科带头人、第三批名教师，主持过两个省级课题研究，先后有四十多篇教育教学论文在国家级、省级、市级刊物发表或获奖；曾获广东省教育学会特殊教育专业委员会班主任能力大赛二等奖、广东省第一届聋校教师教学技能比赛课堂教学优秀奖、广东省听障教育语文教师教学技能竞赛三等奖，1994年、2006年均获"肇庆市优秀教师"荣誉称号；曾主持广东省教育技

术研究2012年度课题《信息技术在聋校语文教学中的应用研究》（课题编号：yjjy12B039）（2016年3月已结题），主持广东省中小学（中职学校）德育、心理健康教育课题《践行〈弟子规〉促进听障学生良好习惯养成研究》（课题立项号：GDDYYJ14158）（2016年12月已结题）；共有8篇信息技术与听障语文教学研究论文发表或获奖：《5G+智慧教育背景下聋校语文教学落实立德树人的途径探寻》在《读与写》2022年第7期发表，2021年在肇庆市教育技术论文活动中被评为优秀论文，在2021广东省教育技术论文活动遴选中被评为入围论文；《信息技术助力提高聋校语文课堂教学效率的实践与思考》在《广东教学报》2022年第40期发表；《微课在聋校高中小说阅读教学中的实践应用探索——以〈林黛玉进贾府〉为例》在《电脑校园》2022年第4期发表，获2022年广东省中小学信息技术论文评选三等奖；《运用信息技术优化聋校古诗词教学初探》在《珠江教育论坛》2015年第4期发表；《信息技术在聋校语文教学中的应用研究》2021年在肇庆市教育技术论文活动中被评为优秀论文；《情景教学在聋校语文教学中的运用》2018年在肇庆市特殊教育论文比赛中获三等奖；《创设主题式、生活化课程环境提高听障学生沟通与交往能力》2014年在广东省"听障学生综合沟通"学术论文评选中获三等奖；《多媒体在聋校低年级语文教学中的优势及应用》2011年在教育技术论文评选中获二等奖。

（二）课题研究的措施保障

1.专家培训引领、夯实理论基础

课题组聘请市教师发展中心沈小锋担任课题研究顾问，确保课题研究得到科学指导、顺利实施。

2.丰富资料设备、建立网络科研平台

学校信息化建设完善，已构建了校园计算机网络，各教室均配备有多媒体教学平台，现代化的教学设备较为完善，满足课题研究需要。

3.加强科研管理，提供制度保障

课题组制订课题管理、理论学习、实践研讨实施计划，定期组织现场观摩交流活动，以保证课题研究的顺利进行并完成预期的阶段性成果。

4.组织分工合理

我校领导重视科研兴校，学校信息化建设完善，教师参与课题研究的热情高涨。课题负责人（副高级）曾主持过两个省级课题并按时结题，课题组成员中有两位副高级教师，科研经历丰富，其他成员均为从教6年以上的一线教师，教学经验丰富，教研能力强，均参与过省、市课题研究，信息技术能力强，能确保课题研究质量。

📖 **附录4** 《信息技术在聋校语文教学中的应用研究》教学成果申报

十年磨一剑

一、课题研究过程及方法阐述

为了提高聋校语文教学质量，发挥信息技术在听障教学中的作用，我们用十年时间对信息技术在聋校语文教学中的应用研究进行深入探索，主要分以下两个阶段开展实践探索检验：

第一阶段：课题申报、研究、结题阶段（2012年7月—2016年3月）

（一）课题申报与准备阶段

2012年7月，我申报了2012年广东省教育技术研究课题：技术环境下教与学的理论与实践研究类别中的"信息技术在聋校语文教学中的应用研究"。2012年12月，我对课题组全体成员作了《课题研究的启动与实施》专题讲座。

（二）实施课题研究阶段

2013年4月，课题通过了广东省教育技术中心以及广东省教育学会教育技术委员会的立项。2013年4月26日，我参加了由广东省教育技术中心周励群负责的《广东省教育技术研究课题开题培训》活动。2013年5月9日，课题组在肇庆启聪学校召开了开题报告会，以通信形式邀请肇庆学院文学院党总支书记王敏教授、肇庆学院文学院副院长孟建安教授、肇庆学院软件学院党总支书记黄伟副教授、肇庆市教育局电教站黄国洪站长作为评议专家，对课题进行详细论证。评议专家进行可行性分析，给出操作性的指导意见，课题主持人根据论证结果对方案进行调整，接着对初期研究工作进行具体的安排。

紧接着，课题组按课题研究方案组织开展研究，不断完善课题研究方案。实施这一课题旨在以信息技术为先导，以特殊教育理论为指导，结合听障学生心理学和教育学及普通教育中信息技术整合与课程的教学模式和教学法，再根据聋校义务教育课程教学大纲的要求进行教学改革。创新聋校课堂教学模式和方法，培养听障学生的信息素养及利用信息技术自主探究、解决问题的能力。

子课题包括：①《信息技术在聋校作文教学中的应用研究》（吴树辉老师负责）；②《信息技术在聋校阅读教学中的应用研究》（黄金南老师负责）；③《信息技术在聋校词语教学中的应用研究》（冯雁玲老师负责）。在研究过程中，课题组成员主要通过集体备课、公开教学、集体反思、分析课例、撰写教学案例、撰写论文等多种形式进行实践研究。

本课题属于应用研究范畴，采用行动研究法和经验总结法为主要研究方法，同时与观察法、调查法、统计法、测量法、访谈法、个案研究法、经验总结法相结合。

（三）总结阶段

2015年1月至7月为总结阶段，收集整理课题研究的数据资料，并进行统计分析。2015年5月10—11日，我参加了广东省教育技术中心举办的课题结题培训，广东省教育技术中心馆长周励群对全体主持人进行了广东省教育技术研究课题结题培训，培训从学习往年的优秀课题开始，从案例到理论，内容十分丰富。2015年7月，课题组全体成员在校内进行课题结题检查汇报，最后由主持人根据各组员的汇报情况撰写结题报告以及课题成果报告。2016年3月，课题由广东省教育学会教育技术专业委员会及广东省教育技术中心结题鉴定，经审核准予结题。

第二阶段：课题成果实践应用、反思总结、推广应用阶段（2016年8月—2022年8月）

课题组利用专题讲座的形式推广信息技术应用于特殊学校语文教学。

二、成果的主要内容

（一）撰写专著

2022年3月，在肇庆学院教育研究院曲中林教授的指导下，我着手撰写专著《从整合到深度融合——信息技术在聋校语文教学中的应用实践》，现已完成全书的文稿，全书分七章（约16万字），主要论述信息技术与听障语文教学从整合到深度融合的应用与实践历程，记录了我们在课题研究过程中遇到的问题及解决问题的方法及理论依据，主要阐述了信息技术在听障诗词、小说、作文、阅读、词语及拼音教学中的应用实践，总结出信息技术支持下听障语文教学的几种模式。

（二）论文发表与获奖

课题组成员共撰写了23篇信息技术在听障语文教学中应用的研究论文，其中有19篇发表或获奖。组员吴树辉老师的论文《网络环境下听障学生语言能力的培养》在《素质教育》2013年9月总第131期发表，获2012年广东省教育技术论文评选二等奖；《信息技术背景下作文教学的"趣""真""活""实"》获2013年广东省教育技术论文评选三等奖，2016年2月在《肇庆教育研究》发表；《巧用网络资源，提高特殊孩子的写作能力》获2014年广东省教育技术论文评选三等奖；《希沃白板在聋校语文教学中的应用》在2022年广东省中小学信息技术教育优秀论文活动中荣获三等奖。组员冯雁玲老师的论文《巧用信息技术，优化聋校低年级语文课堂教学》获2012年广东省教育技术论文评选二等奖，《信息技术在聋校低年级识字教学中的应用》获2013年广东省教育技术论文评选二等奖，《信息技术在聋校低年级拼音教学中的应用》获2014年广东省教育技术论文评选二等奖。组员黄金南老师的论文《信息技术与聋校阅读教学整合的设计理念与策略》获2013年广东省教育技术论文评选二等奖；《触摸互动一体机在聋校阅读教学中的应用》获2013年广东省教育技术论文评选二等奖，在2021年广东省教育技术论文活动遴选中被评选为展示论文。

（三）课例成果

课题组在研究过程中形成了一系列教学案例及反思、精品课例、优质课件及微课。2021年《〈祖国啊，我亲爱的祖国〉诵读技巧指导》在第四届"语文报杯"全国语文微课大赛中获高中组微课设计类一等奖；2022年教学设计《祖国啊，我亲爱的祖国》获广东省教育技术论文、教学设计评比三等奖；2022年7月，我联手本校邓太常老师完成融合创新应用教学案例《林黛玉进贾府》，参加2022年广东省教育"双融双创"师生信息素养提升实践活动获得入围资格，准备参加省里的答辩终评。

三、成果创新点

（1）从信息技术与学科的整合迈进深度融合，紧跟国家指导性纲领，努力探索适合听障学生语文学习的方法及路子。

（2）创新性地提出信息技术在听障语文教学中的教学模式。

四、效果与反思

本课题研究成果坚持科学发展观，认真落实聋校语文新课程标准，坚持以

立德树人理念为指导，提高教育教学质量为主题，促进学生发展为根本，提升育人质量为目的，规范课堂教学行为、提高课堂效率为核心。

本课题研究有效地提高了我校语文教学质量，推动了教师的专业发展，积累了一系列的教学论文、教学案例、精品课件，极大地丰富了我校甚至肇庆特殊教育资源平台的教学资源，有效地推动了我校作为广东省信息化中心学校建设，发挥了我校作为肇庆市特殊教育资源中心及肇庆市米秀兰名师工作室的引领及辐射作用。

本课题研究促进了教师教学方式和师生互动方式的变革，为听障学生的多样化学习创造了环境，使信息技术真正成为听障学生认知、探究和解决问题的工具，创新聋校语文课堂教学模式和教学方法，构建以"教师为主导，学生为主体""主导—主体相结合"新型课堂模式。

本课题研究顺应我国信息技术教育发展需要，符合当前国家实施信息技术应用提升2.0工程的迫切需求。通过知网等主流数据网搜索发现，普通中小学信息技术与语文学科教学应用整合的专著论文非常多，但在聋校语文教学应用领域的研究课题甚少，到目前为止搜索不到一部相关专著，因此本课题具有较高的推广价值。

课题研究存在的不足：我们在课题研究中充分感受到缺少特殊教育信息技术教育理论的支撑，缺乏专家的指导，因此，研究的深度有待后期继续努力发掘。

（此教学成果获第八届肇庆市基础教育科研成果奖二等奖）

第四节　信息技术在听障语文
教学中的具体应用与实践

从2012年到现在，笔者始终坚持探索研究信息技术在听障语文教学中的应用，从初始的整合阶段到现在的深度融合阶段，一边学习，一边实践探路，在教学实践过程中积累了一些经验及成果，形成了一系列信息技术在听障语文教学中应用的研究论文。下面从信息技术提高课堂教学效率、实现听障语文学科育人、实现语文生活化教学以及诗词教学、小说教学、作文教学、阅读教学、拼音及词语教学八个方面阐述信息技术在听障语文教学中的应用实践。

一、信息技术提高语文课堂教学效率的探索实践

课题组成员秉着"实用有效"这一原则，根据听障学生的认知特点，合理使用信息技术指导学生学习，努力提高语文课堂教学效率，取得了一定的成效，这方面的经验探索总结如下。

案例1

信息技术助力提高聋校语文课堂教学效率实践研究

信息技术是指在计算机和通信技术支持下获取加工、存储、变换、显示和传输文字、数值、图像以及声音信息，具有传递性、共享性及可处理性等特点。由于听障学生以目代耳的学习特殊性，一位教师、一块黑板、一支粉笔的传统教学模式已无法满足聋校语文课堂教学的需要，因此，为了更好地提高聋校语文课堂教学质量，将信息技术恰当运用到聋校的语文课堂教学中是值得我

们研究的重要课题。

一、在聋校语文课堂教学中运用信息技术的好处

（一）信息技术的直观性能有效地提高听障学生的理解能力

常规的教学媒体无法突破语文教学中出现的难点。听障学生认知以具体、形象思维为主，多媒体教学非常适合听障学生视觉能力强的特点，更易于突破教学难点。

（二）借助信息技术开展聋校语文教学，可收到更好的教学效果

信息技术为听障学生提供写作素材，创新聋校作文教学模式，从而提高学生的写作兴趣；在语文阅读课堂教学中科学有效地运用PPT、Flash等课件，研究电子互动白板在聋校语文阅读课堂教学中的运用，初步形成基于网络环境下的信息技术与阅读教学整合的课堂模式；运用信息技术创设生动直观的教学情境，帮助学生正确理解并掌握词语，学习词语的正确书写方法，化难为易，拓宽和丰富学生的词汇量。

二、借助信息技术提升聋校语文课堂教学效果的举措

运用信息技术开展教学，能使聋校语文课堂更直观、更生活化。信息技术可以优化聋校词语教学、阅读教学、作文教学，诗词教学。随着信息技术的更新换代，我们要进一步研究信息技术在聋校语文课堂教学中的应用，使信息技术与聋校语文学科深度融合。经过三年的课题研究及五年的实践检验，课题组借助信息技术开展聋校语文课堂教学改革主要采取以下方式。

（一）多媒体演示字词教学

本校大部分听障学生的学前教育几乎是零，大部分学生需要一笔一画地教写字，教师可以借助信息技术教学平台，通过Flash动画示范文字书写顺序，这不但能让学生清晰地看到文字书写笔顺及其在田字格中的位置，还能吸引学生的注意力，提高学生的学习兴趣，也大大地提高了教学效率。Flash动画还可以分析字的结构，把写字的全过程直接展现在学生眼前，易于理解，便于记忆和模仿。

（二）提供素材辅助作文教学

听障学生大部分都是住宿生，平时与外界接触比较少，而且获取信息的途径多数是用手机上网，积累的写作题材很少，总是觉得没东西可写。作文课上教师运用信息技术为他们提供看得见摸得着的写作素材，以解决巧妇的无米

之炊。譬如，在上作文课《学写游记》时，教师借助PPT讲授游记的写作方法后，根据学生之前去过七星岩游玩这一实际情况，指导学生写一篇《游七星岩》的游记，课前借助信息技术制作一个动态的七星岩旅游观光全景图，把重点的景点景物都形象地呈现出来，再分几条不同的旅游线路让学生选择，然后让学生根据沿途看到的风景及个人感受写一篇游记。动态的观光全景图让学生兴趣盎然，各条旅游线路上沿途的景点栩栩如生，充分唤起学生的记忆，激发起他们的写作欲望。又如，在上《包裹蒸粽》的作文指导课时，教师可以先录制自己包裹蒸粽的完整过程，在视频中分几个环节出示相应的问题及关键词语，如包裹蒸粽需要准备哪些材料（选材）等，然后在课堂上展示给学生看，看完后请学生先来说一说包裹蒸粽的步骤及注意事项，再按照学生的能力高低分类指导学生写作文，整节课学生参与的积极性非常高，收到了良好的教学效果。

（三）创设情境开展阅读教学

在阅读教学中借助信息技术创设情境，突破教学重难点。譬如，在教《小蝌蚪找妈妈》一课时，由于有些学生没见过小蝌蚪，更不知道蝌蚪和青蛙有什么联系，因此教师在新课导入时用Flash演示小蝌蚪的生长过程和找妈妈的过程，学生看着Flash动画很快进入课文情境，Flash生动地呈现课文所描述的故事情节，化抽象为形象，让学生整体感知课文。教师借助现代信息技术避免了手语的交流、空洞的说教、肤浅的想象。又如，在教学《最后一次演讲》时，教师在课前播放《七子之歌》引出闻一多先生的生平介绍，课后播放电影《最后一次演讲》，使闻一多先生爱憎分明、疾恶如仇、勇于斗争和献身的光辉形象更显伟大。

（四）制作微课开展诗词教学

笔者通过研究发现，诗词教学中恰当采用微课不但可以收到良好的教学效果，还可以积累教学资源。例如，在教学现代诗《祖国啊，我亲爱的祖国》时，因为这首诗是训练学生诵读的经典作品，所以笔者设计了一节微课《诵读技巧指导》，在学习诗歌之前让学生先学习微课的内容，为学生诵读诗歌做好铺垫，在指导学生诵读时又结合微课中提到的知识点，力求让学生把学到的诵读技巧运用到自己的诵读中去，收效良好。古诗词语言精练但意境深远，教师在课前制作好微课，可以为学生创设诗中的意境，提炼重要的知识点，有助于提高课堂效率。学生在课后还可以利用微课对知识点进行复习巩固，微课可以循环使用，减轻教师的工作量。

综上所述，在聋校语文教学中有效地使用信息技术，可以改良教学内容的呈现方式、学生学习方式及师生互动方式，为学生创造多样化的学习环境，切实提升聋校语文课堂教学效果。

［此文系广东省教育技术研究课题《信息技术在聋校语文教学中的应用研究》研究成果（课题编号：yjjy12B039），此文获2021年肇庆市教育科技论文活动市级优秀论文，发表在《广东教学报》2022年第40期］

二、信息技术与实现听障语文学科育人的探索实践

党的十九大强调"落实立德树人根本任务，发展素质教育"。学科育人是落实立德树人根本任务的重要途径，语文学科在培养学生高尚道德情操方面发挥着至关重要的作用，听障语文课文蕴含着丰富的人文情怀。在5G+智慧教育背景下，丰富的教育资源可以信手拈来。教师根据学生的特殊需要，借助信息技术，在传授文化知识的同时有效渗透德育：注重挖掘教材中的德育素材，通过播放影视作品、制作微课、录制视频、构建微信群等方式培养学生的爱国精神、理想信念、民族精神、社会责任等，实现立德树人的根本任务。

案例2

5G+智慧教育背景下听障语文教学落实立德树人的途径探寻

在5G+智慧教育背景下，在信息技术的支持下，笔者就在听障语文教学过程中如何落实立德树人的途径进行了以下探索。

一、根据教材内容选择影视作品进行爱国主义及理想信念教育

听障语文教材中涉及许多爱国英雄人物，他们用自己的生命与鲜血谱写了非常多的动人故事，对于一代又一代的中国人起到非常大的激励作用：古代有文天祥、范仲淹、屈原等，近代有雨来、王二小、董存瑞、李大钊、闻一多、鲁迅等，现代有杨利伟等，教师要以课本中的这些人物为榜样，实施爱国主义教育，让学生感悟这些人物的伟大精神，使立德树人教育理念落到实处。对教材中爱国主义教育典范的文章，教师要依托课文内容，选择合适的影视作品帮

助学生加深对文章内容的理解，充分激发学生的爱国主义情感。笔者认为，作为一个中国人，必须了解屈原这位伟大的爱国者，但在教学《屈原（节选）》这篇课文前，发现班上只有一个学生能说出关于屈原的故事。面对这种情况，如何能够通过《屈原（节选）》的学习让学生认识屈原这位伟大的爱国诗人，在学生心中种下爱国的种子，并让学生对屈原产生由衷的敬佩之情呢？笔者的做法是：让学生利用课余时间先观看纪录片《屈原》，再欣赏话剧《屈原》五幕：《橘颂》《受诬》《招魂》《被囚》《雷电颂》，通过以上影视作品全面了解屈原的毕生追求和他的高贵情怀以及他强烈的爱国之情，然后才开始学习课文内容，通过学习屈原的高贵品质及高尚情操，激发学生的爱国情怀。又如，在教学《最后一次演讲》时，笔者在课前播放《七子之歌》引出闻一多先生这位英勇无畏的革命烈士。为了帮助学生了解"1946年7月15日，闻一多在李公朴的追悼会发表了这一演讲，当天下午被国民党特务暗杀"这一时代背景，笔者通过互联网搜索相关影视作品提供给学生观看，学完文章后播放电影《最后一次演讲》，使闻一多先生爱憎分明、疾恶如仇、勇于斗争和献身的光辉形象更显伟大。最后把《说与做——记闻一多先生言行片段》这篇文章联系起来，让学生对闻一多先生有更深刻的理解。

理想指引人生方向，没有理想信念就会导致精神上的"缺钙"。笔者在教学过程中可以节选相关影视作品，让学生感受当时社会的黑暗及人民的勇敢。例如，在教学《记念刘和珍君》时，为了帮助学生了解写作背景，笔者播放了大沽口事件有关影视片段，为了帮助学生理解刘和珍遇难场面及敌人的凶残，笔者播放了刘和珍遇难相关影视片段，使刘和珍追求真理、英勇战斗的爱国青年学生形象更加鲜明，然后要求学生结合影视内容谈个人感受，对学生进行理想信念教育：珍惜先烈们用生命换来的和平时代，树立远大理想，努力考上理想大学，实现人生目标。又如《红星照耀中国》，这是一部纪实作品，通过一个外国人视角，记录了共产党和红军的真实情况，值得每一个中国人阅读。笔者还建议学生暑假期间观看纪录片《山河岁月》，让学生了解党史上100个重大事件、关键场景、重要人物，明白我们党饱经磨难而生生不息的"成功密码"，学生通过观看《山河岁月》加深了对《红星照耀中国》这部名著的理解，自然而然就接受了共产主义理想信念教育。

二、巧用微课培养学生的民族精神

微课是智慧教育背景下一种全新的教学方式，其具有短小精悍、知识点突出、图文结合、可以反复使用等特点，特别适合听障学生。教师可以根据教材内容设计微课进行教学，以达到拓宽知识面进行德育的目的。例如，在教学《就英法联军远征中国致巴特勒上尉的信》时，笔者通过学习文章培养学生的民族精神，激发学生勤奋学习、振兴中华的理想和斗志。在教学过程中，笔者通过播放微课帮助学生理解课文内容。课前导入：同学们，假如你家的传家宝被盗贼偷走了，你的心情会怎么样？假如盗贼拿着你家的宝贝四处炫耀，你会怎么想呢？今天，我们就要看看英法联军偷走圆明园的珍宝之后，法国的头领是一种什么态度。笔者通过播放英法联军劫掠圆明园、火烧圆明园的视频，激发学生的民族意识。课中分析：你从雨果的文字里读出圆明园美在哪里？雨果为什么在文章中说圆明园是世界奇迹？笔者根据圆明园史料制作成微课，帮助学生进一步了解被毁前的圆明园究竟美在哪里，从而培养学生的民族自豪感。课堂结尾：世界奇迹圆明园遭受英法侵略者掠劫焚烧，今天又是怎样一幅景象？观看圆明园残迹微课。整节课笔者巧用微课，课堂上气氛热烈，教学效果良好。又如，《祖国啊，我亲爱的祖国》是一首经典的爱国诗，也是朗读训练的极好范本，但由于对时代背景了解甚少，听障学生诵读诗歌有一定难度，为了帮助他们更好地掌握诵读技巧，笔者课前录制了微课《〈祖国啊，我亲爱的祖国〉诵读技巧》，上课时学生通过微课学习掌握诵读技巧，再通过教师科学的诵读指导和自己的诵读体验更好地融入诗歌文本，感受诗意，感悟历经沧桑苦难依然奋发向上的中华民族精神。

三、录制微视频增强学生社会责任感，追求真、善、美，传播正能量

随着智能手机的普及以及"5G时代"和"微时代"的到来，微视频成为学生喜闻乐见的传媒形式。教师可以借助录制微视频捕捉生活中的教育内容用于课堂教学，学生自己也喜欢录制各种微视频，教师要对此加以引导，以此增强学生社会责任感，使其追求真、善、美，传播正能量。例如，《枣儿》是描写我国当代社会转型期留守儿童及孤独老人的优秀作品。班上的学生大多数是来自农村的留守少年，多由爷爷奶奶带大，在教学过程中笔者观察到学生对课文内容非常感兴趣，他们仿佛回忆起自己的童年，文章中的"枣儿"就是小时候的自己。因此笔者就抓住这一契机进行课后拓展：要求学生联系现实生活，

关注自己周围的空巢老人和留守儿童，并录制视频，想想自己能给予他们哪些帮助，以此引导学生关注自己身边的事，关注社会，培养学生的社会责任感，学生录制微视频的积极性很高，然后笔者专门安排时间组织学生一起观看这些微视频，让学生的心灵备受触动，同时达到了德育教育的目的。又如，在学习《我的叔叔于勒》后，笔者要求学生排演"假如菲利浦夫妇在船上发现已成为百万富翁的于勒，他们又会有怎样的表现呢"，引导学生根据课文内容大胆想象，提示学生亲情是一种伟大的感情，不是金钱能买到的，然后由学生自己排演，自己录制微视频，观看视频时有学生流出眼泪，本节课达到了德育目的。

四、构建家长微信群，家校合力进行感恩教育

随着互联网日新月异的发展，网络覆盖面的增加，人手一台智能手机就可以随时随地上网，微信已成为时下人们最流行的交际工具。教师利用网络，组建班级微信群，家校合力，知行合一，对学生进行感恩教育。据观察发现，有部分学生喜欢抱怨父母，不懂得感恩，因此教师在教文化知识的同时也要教学生学会感恩，从感恩自己的父母开始。在学习《回忆我的母亲》之前，教师通过微信群收集每名同学和自己母亲的一张合影，然后由学生向大家介绍自己的母亲。在教学过程中，教师引导学生通过诵读理解课文内容，思考朱德笔下的母亲与自己的母亲是不是有很多相似之处，引发学生思考：朱德为何深情地写道"我应该感谢母亲"，母亲含辛茹苦地把我们养大，回忆十几年来母亲对自己的教诲与关爱，我们也应该像朱德前辈一样感谢自己的母亲，我们长大了能为母亲做点什么回报自己的母亲呢？教师要求学生以《我的母亲》为题写一篇作文，随后在微信群里上传学生的作文，让家长看看自己在孩子心中的形象。同时，进行课后延伸，要求家长拍下孩子平时在家孝敬长辈、参与家务劳动的照片并发到微信群分享。教师针对现实存在的学生认为家长对自己的爱是理所当然的而进行一种美德教育，先让学生畅所欲言，说出自己在家里不孝敬的表现，然后用一段《感人的家长会》的录像去震撼学生的心灵。课后延伸：回家后为父亲做一件他需要做的事，回忆并写下父亲关爱你的生活片段。然后教师通过微信群向家长发送课堂教学视频或照片，让家长了解自己孩子在课堂的表现。

以上就是笔者融合信息技术在实际教学中落实学科育人的途径与方法，在

5G+智慧教育背景下，教师只有根据时代要求不断探寻新的教学途径与方法，才能适应时代的发展，才能满足学生发展需求，才能更好地落实学科立德树人根本任务，为社会培养德智体美劳全面发展的人才。

（此文在2021年肇庆市教育科技论文活动中被评为市级优秀论文，在广东省教育技术论文活动遴选中被评为入围论文，于2022年3月发表在《读与写》）

三、信息技术与实现听障语文生活化教学的探索实践

2010年笔者完成了校级课题《聋校低年级语文教学生活化研究》；2021年申报了肇庆教育研究院课题《特殊教育学校语文生活化教学的实践研究》，该课题通过立项并顺利开题。在进行特殊学校语文生活化教学的研究过程中，笔者带领课题组成员充分结合信息技术在特殊教育中的优势，探索信息技术与实现听障及智障语文生活化教学的路子及方法。

案例3

借助信息技术优化特殊学校生活化语文教学实践研究

根据《肇庆市中小学三名工作室管理办法》中名教师工作室职责第四条：以信息技术化2.0为指导，在教育信息技术与学科教学融合方面发挥示范作用的精神。在学校开展信息技术应用能力提升工程2.0校本研修活动背景下，结合本工作室的教育教学思想，笔者结合所开展的相关课题研究项目以及自己多年的教育教学实践，谈谈借助信息技术优化特殊学校生活化语文教学的实践与反思。

一、生活化语文教学的理论依据

（一）杜威的实用主义教育思想

杜威提出实用主义教育思想"教育即生活"。他认为教育能传递人类积累的经验，丰富人类经验的内容，增强经验指导生活和适应社会的能力，从而把社会生活维系起来和发展起来。

（二）陶行知的"生活即教育"思想

陶行知提出"生活即教育"。他认为教育是供给人生需要的教育，学生未来的人生需要什么知识，我们就教什么。他提出的"社会即学校"也是根据"生活即教育"而提出的，他认为整个的社会活动都是我们教育的范围，我们

要让学生的学习与生活实践紧密结合起来。

二、生活化语文教学的定义解释

笔者查阅、对比了三十多篇文献资料，终于查到刘琨娣在《论李镇西生活化语文教育经验》一文中对生活化语文教学的解释，这是笔者认为比较满意的解释："生活化语文教学是将教学活动置于现实的生活情景之中，激发学生作为生活主体参与活动的强烈愿望，将教学的目的、要求转化为学生作为生活主体的内在需要，让学生在实际生活中学习语文知识，从而获得有活力、有生命、在实际生活中用得上的知识，并使学生思想情操得到真正的陶冶。"

三、特殊学校实施生活化语文教学的原因

《培智学校义务教育生活语文课程标准（2016年版）》提出以下三点要求：

（1）使学生都能获得生活所需要的基本语文素养。

（2）着眼于学生的生活需要，按照学生的生活经验和生存需要，以生活为核心组织课程内容，注重语文知识与生活的联系，实现课程的生活化、社会化、多元化。

（3）让学生通过感知、体验、参与等多种方式进行语言文字学习，要重视创设生活化情境，使学生能在真实的语言实践活动中学习。

四、特殊学校借助信息技术优化生活化语文教学的好处

信息技术能满足特殊学生的认知需求，智障（听障）学生认知以具体、形象思维为主，善于记忆具体事物，借助信息技术创设生活化情境，使学生能在真实的语言实践活动中学习。信息技术呈现强大的直观性和动感性，非常适合智障（听障）学生视觉能力强的特点，有利于突破教学难点。

五、特殊学校如何借助信息技术优化生活化语文教学

（一）乘学校信息技术应用能力提升工程2.0东风

在我们学校承担的广东省中小学教师信息技术应用能力提升工程2.0专项科研课题《多技术融合下特殊教育学校高效课堂构建的策略研究》的引领下，为加快我校教师信息技术应用能力提升工程2.0的实施，提高教师信息化教学能力及应用水平，2022年4月，我校举办了三场信息化2.0专题校本培训活动，学校全体教职工参与了培训。

第一场，4月7日，邓丽芳老师作了《微课的设计与制作》专题培训。邓老师就能力点"A3微课程设计与制作"进行了详细解读，从什么是微课、什么是

好微课、微课设计与制作指南和怎么评价微课四个方面做了详细的解读说明和示范操作。

第二场，4月14日，廖丽丽主任为大家带来了《课堂交互工具安装使用与资源分享》专题培训。廖主任从要准备的材料、如何准备、需要运用的软件以及如何安装和使用等方面做了详细的示范操作和解读说明。

第三场，4月21日，三位信息技术老师对我校教师进行了101教育PPT、万彩动画大师和剪映等软件的实操培训。我校教师现场操作，培训现场交流互动气氛热烈。此次信息化2.0专题培训活动为我校教师搭建展示和交流平台，为教育教学水平提升提供了良好的契机，对我校教师信息技术与教育教学更好地融合起到了很好的引领作用。通过学习和实践，5月，经过试课、磨课，各科组的信息技术2.0精品课闪亮登场。经过培训，很多教师都学会了制作微课，结合自己的学科教学借助现代信息技术点亮精彩课堂，培养特殊学生良好信息素养，为特殊学生的学习生活赋能。

（二）一系列相关课题的引领与实践

2010年笔者主持的校级课题《聋校低年级语文教学生活化研究》结题；2016年主持广东省教育技术研究2012年度课题《信息技术在聋校语文教学中的应用研究》结题。2021年肇庆教育发展研究院课题《特殊教育学校语文生活化教学的实践研究》通过立项，2021年肇庆市"十四五"规划项目课题《5G+智慧教育背景下聋校语文教学中微课的应用研究》通过立项。工作室成员吴树辉主持的肇庆市"十三五"规划项目课题《聋校初中阶段作文教学生活化的实践研究》结题。2022年笔者申报了广东省教育规划课题《信息技术与听障语文教学深度融合的实践研究》。

下面以广东省教育技术研究2012年度课题《信息技术在聋校语文教学中的应用研究》为例，谈谈借助信息技术优化聋校生活化语文教学的举措。

信息技术可以优化聋校词语教学、阅读教学、作文教学、诗词教学以及拓展教学，使语文学科与信息技术深度融合。总的来说，运用信息技术开展教学，能使聋校语文课堂更直观、更生活化。经过三年的课题研究及五年的实践检验，课题组借助信息技术开展聋校生活化语文教学改革主要形成了以下五种教学模式：

（1）字词教学采用"直观演示"式。

（2）阅读教学采用"创设情境"式。

（3）诗词教学采用"微课"式。

（4）作文教学采用"提供生活素材"式。

（5）拓展教学采用"微视频"式。

（三）一系列相关课例实践与探索

工作室在课题《特殊教育学校语文生活化教学的实践研究》研究过程中，进行了一系列关于特殊学校语文生活化教学的课例实践与探讨，通过反复集体备课、磨课、试课，到目前为止已打磨出三节关于借助信息技术优化特殊学校语文生活化教学的精品课：工作室成员王鑫老师执教的培智三年级生活语文《学刷牙》、温芷欣老师执教的培智二年级生活语文《走进大草原》、李美容老师执教的培智四年级生活语文《学洗碗》。下面以李老师执教的《学洗碗》为例，谈谈如何借助信息技术优化生活化语文教学，以及要注意的细节。这节课根据《培智学校义务教育生活语文课程标准（2016年版）》要求，立足学生生活实际、连接学生生活经验、创设生活化情境，利用直观教学法、生活情境化教学法，紧紧围绕生活场景开展课堂教学。本节课主要借助希沃白板课件，利用实物创设生活化情境，播放学生活动的小视频、旧照片等，结合学生的生活实际进行教学，并将课堂向学生课外生活延伸，充分体现信息技术融合生活化语文教学这一教学理念。具体教学流程如下：

（1）游戏导入。借助希沃白板的互动游戏功能，请学生出来抽奖，抽出学生在家里洗碗的照片，提问：这是谁？他在做什么？引出课题：学洗碗。

（2）紧扣文本，创设生活化情境（一盆水、两个碗、两块洗碗巾），帮助学生理解"妈妈一边洗，一边教；我一边用心听，一边认真学"。教师示范"一边洗，一边教"，并教会学生正确的洗碗方法，请学生演示"一边用心听，一边认真学"。这一环节充分发挥了生活情境教学在语文教学中的作用。实施生活化教学必须高度重视教学内容的真实性，教学不能脱离现实生活。特殊教育专家何静贤校长曾经举过这样一个例子：演示《打电话》的情景时电话机不能随便放在地上，而要放在桌子上，因为现实生活中没有哪家的电话机是放在地上的。

（3）练习部分借助希沃白板的互动功能，请学生上台玩"选词填空"的游戏。将课堂向学生课外生活延伸，出示学生或其家人的图片，引导用"一

边……，一边……"的句式练习说话。

笔者在听课过程中发现，学生对希沃白板的游戏非常感兴趣，参与活动的积极性非常高。学生在看到自己以前的照片出现在屏幕时显得很兴奋。同时，李老师在课堂上呈现的有些图片不够聚焦，指令不够精准，导致学生看图回答问题时出现偏差。当时李老师出示一张照片，里面人物众多，而且没有做标注，学生不知道该看哪个人，照片里老师是背对学生的……

综上所述，在借助信息技术实施特殊学校生活化语文教学的同时，我们要对学生加强听说读写等方面的训练，立足生活实际，结合学生的生活经验，合理科学地运用信息技术创设生活情境，引导学生参与互动，并将课堂教学的触角伸向学生的家庭、社会生活，从而真正实现生活化语文教学。信息技术赋能的课堂更立体、更灵动、更时尚、更高效，因此我们要充分利用信息技术，努力追求教育与技术共生、知识学习与立德树人并存的理想境界。

［本文为肇庆教育发展研究院课题《特殊教育学校语文生活化教学的实践研究》（课题编号：ZQJYY2021062）阶段性研究成果］

案例4

信息技术创设主题式、生活化课程环境　提高听障学生沟通与交往能力

沟通与交往是人类的基本活动。2007年，国家启动聋校新一轮课程改革，增加了《沟通与交往》这门课程，该课程的目的是要帮助听障学生克服因听力损失而造成的语言障碍，掌握多元的沟通交往技能与方法，促进听障学生语言和交往能力发展。江苏省泗阳县特殊教育学校陈建军校长在《试论聋校沟通与交往课程的实施原则》一文中提道：在沟通与交往课程的教学实践中必须认真贯彻生活化原则。坚持生活化原则，首先要做到教学内容生活化，教师应根据班级听障学生年龄特点选取教学内容，设计符合听障学生生活经验的对话，创设交流场景，让听障学生在课堂教学中体验社会生活的内容。其次要做到教学途径生活化，教师应该确立开放的教学观，积极组织引导听障学生走出课堂，走出学校，到社会生活的现实场景中运用课堂学习到的交往方法与技能，促进沟通与交往能力的提高。但据笔者观察，由于缺乏统一的课程标准，没有现成的教材，有些教师将沟通与交往课窄化成语言训练课，缺少主题，缺少情境创

设，沟通与交往处于单项活动，缺乏交互性。沟通能力是一种综合能力，它包括健康的心理、待人接物的基本礼仪、一定量的语言材料储备等。所以，要促进听障学生沟通能力的发展，单单一种训练形式是不够的。针对这种情况，笔者从听障学生的需要出发，以生活为蓝本，借助信息技术精心编排、创设富有生活气息的课程内容，以主题形式呈现。通过创设真实自然的交往情境，整合各种教育资源的优势，逐步培养听障学生的沟通与交往能力，收到了良好的教学效果。

一、创设主题式、生活化课程环境，提高听障学生沟通交往能力的途径及方法

（一）创设真实自然的交往情境，培养学生沟通交往的技能

沟通与交往课程是一门学习沟通交往技能的实践课程，因此在课程实施时，教师应明确设计目的并创设具有可操作性的情境活动，让学生在活动中进行沟通与交往，从而摆脱枯燥的机械性重复训练。要设计符合学生交际需要的情境，使他们在交际过程中形成文明态度和语言修养。教学中教师还应挖掘日常生活及学校教育活动中的交往机会，教师为学生争取更多的真实自然的沟通与交往的机会。教师通过模拟练习和操作训练，引导听障学生重视合作的默契，并在交往中懂得尊重别人，理解对方，掌握沟通与交往的技能。

例如，笔者指导年轻教师A老师教授《现场招聘会》一课就充分体现了主题性、生活化这两个特点：针对听障学生即将毕业这一实际情况，编排校本教材《现场招聘会》，模仿招聘会现场布置教室，安排学生扮演主考官、应聘人员；提醒学生面试时的注意事项，并从着装、站姿、坐姿、礼仪等各方面指导学生，重点教会学生在招聘会上怎样自我介绍、怎样与主考官沟通；并创设了超市招聘收银员、工厂招聘裁缝工人、办公室招聘摄影师等具体教学情境，让听障学生置身于高度仿真的招聘会中去学习如何与主考官交流，体验在具体的情境中怎样与人沟通与交往，为日后毕业顺利找到工作做铺垫。这节课在广东省听障沟通与交往课堂教学比赛中获得了二等奖。

又如四年级的《借东西》一课，B老师针对听障学生平时向别人借东西时不懂得表达，没征得别人同意就随便拿，同学间经常因此而闹矛盾这一实际情况，特意设计了这节课。这节课设计贴近生活，以学生主题活动为中心，围绕借东西这一主题，巧妙创设情境，注重双向互动，让听障学生在"演中

说""说中做"，还通过多媒体课件展示了"借洗衣粉""借削笔刀""借书"三个情景，通过情景训练，拓展了交际的内容，激发了听障学生说话的兴趣，有利于听障学生在多种真实的生活情景中更好地进行交流，掌握向别人借东西的一般技巧，明白借东西过程中必备的文明态度，培养听障学生基本的语言能力与基本的交往能力。

（二）整合各种教育资源的优势，促进学生沟通技能的形成

杜威说："教育即生活，而不是生活的准备，教育即生长，教育即经验不断改组或改造。"听障学生的思维概括水平比较低，语言比较贫乏，他们对概念的理解混乱，对是非分辨的水平也低。所以教师有必要将生活化的语言渗透课堂，将生活资源引入课堂。我们可以使用的生活资源很多，在实际的教学中，常用到的在人际交往方面的语言活动有打电话、聊天、介绍事件等，也有社会交往技能方面的训练，如参加面试、购物、参观工厂、填写履历表等，为听障学生走向社会做铺垫。

沟通交往是一种社会活动，因此仅仅靠学校的课堂教学是远远不够的。聋校需要整合各种教育资源，将课内教学延展到课外生活，促进学生沟通交往能力的提升；需要引导家长乃至整个家庭参与其中，形成教育合力；还要注重与各学科课程的联系，使学生的学习保持连续性、有效性；应该充分利用现代教育技术，开发教学资源，拓宽学生学习的途径，改进学习方式，提高教学的效率；还须运用各种现代通信设备，为学生提供更多的沟通与交往的平台，促进他们沟通与交往技能的形成。教师应根据学生的年龄特点和兴趣爱好，积极开展各种课外活动，为他们增长知识、开阔视野、展现才能提供机会。这需要教师创造性地理解和使用教材，积极开发课程资源，灵活运用多种教学策略，引导学生在实践中学会学习。教师通过以生活为基础开展实际有效的综合实践活动，带领听障学生走出学校，到工厂、到社区、到大自然中去，把他们在学校所学得的知识运用到实际，在实际生活中促进沟通能力的提高，体验交往的乐趣，实现他们适应社会、参与社会的人生目标。

譬如，六年级的C老师在教完《购物》一课后，带领学生去学校附近进行购物体验，发现同学们都懂得了文明购物，他们细心挑选自己喜欢的东西，一个接一个排队，还会跟收银员礼貌地交流对话，这次购物体验不仅大大增强了听障学生使用人民币的能力，也提高了他们的沟通与交往能力。

又如，二年级的D老师在教完《问路》一课后，安排了如下的训练：先把问路范围缩小在班级之内，让他们先向自己的同伴问路，这样既保证了学生的安全，又达到了培养问路技能的目标要求；接着，就大胆让学生走向校外，要求他们在预定的一些地点向路人问路，还要教会他们遇到陌生人时不要慌张，要有礼貌。通过实际操练，大部分的听障学生都能掌握问路的技巧与礼仪，达到了预期的教学效果。

再如，五年级的E老师在教完《节约用水》一课后，联系了肇庆市污水处理厂的领导，在他们的帮助下安排本年级听障学生参观污水处理厂。在参观过程中，听障学生热情高涨，他们纷纷大胆地向工作人员提问，有的还细心做好笔记。回校后，E老师要求每人围绕《节约用水》这一主题写一篇文章，这样就实现了听（看）、说、读、写的完美结合。通过本次参观活动，听障学生既增长了科普知识，又提高了语言能力，还锻炼了与陌生人交往的胆量，本次活动收到了良好的教育教学效果。

二、创设主题式、生活化课程环境的注意事项

（1）创设教学情境要体现生活的真实性。心理学研究表明：在课堂的教学中，教师通过情境的创设呈现生活画面，使听障学生能够身临其境，激起学习的兴趣，引起高度的注意。但有些教师在创设教学情境时没有考虑到听障学生实际生活的特殊性，脱离了听障学生生活的本真，反而对听障学生的学习造成了一定的困扰。例如在《购物》一课中，在要求学生演示"买苹果"这一环节时，C老师没有准备好苹果这一实物，而是用两盒粉笔代替苹果，这显然是不合理的，有误导学生的作用。

（2）作为教师，在真实自然的情境中进行教学时，还应做好必要的预设和干预，以确保活动的效果，避免学生产生挫折感，形成畏惧交往的心理。

主题式、生活化课程环境是一个全方位、系统性的环境建设，需要教师共同参与、共同努力，才能不断地完善。在实际的教学中，教师应通过创设真实自然的交往情境，整合各种教育资源的优势，从小培养听障学生与人沟通的意识、沟通的习惯和沟通的能力，为他们今后能更快走向生活、适应社会奠定良好的基础。

（此文获2014年广东省"听障学生综合沟通"学术论文评选三等奖）

四、信息技术在听障诗词教学中的应用实践

由于听力障碍，听障学生语言基础薄弱，很难理解古诗词中那些生涩的语言，难以体会到古诗的韵味及意境，因此古诗教学成了听障语文教学的难点，教师教得费力，学生学得枯燥。而信息技术以其文字、图像、声音、影像融为一体，图像清晰，动态感强，信息量大的强大优势，恰好符合"以目代耳"的学习方式。因此借助信息技术，可以变抽象为直观，变静止为动画，为听障古诗词教学提供便利，从而提高听障古诗词的教学效率。

🔲 **案例5**

运用信息技术优化听障古诗词教学初探

在听障语文教材中，笔者觉得古诗词是最难教的。因为它形式简单、内容丰富，语言简洁、含义深刻。对听障学生来说，他们语言基础薄弱，缺少深厚的文化积淀，很难理解古诗词中那些生涩的语言，更难体会到古诗的韵味及意境，所以很多教师都觉得教古诗犹如拉牛上树，倍感艰难。为了优化听障古诗词教学，笔者结合自身的教学实践，运用信息技术做了以下五方面探索。

一、运用信息技术创设教学情境，激发听障学生学习古诗词的兴趣

古诗词中不少是广为流传的千古绝唱，文质兼美，意境优美，但是如果仅凭教师用语言解释，听障学生是很难明白的，更不要说体会诗词中的美妙的意境了。但是借助信息技术可以轻松地解决这些难题。借助信息技术，通过图、文、影像等多种功能，给听障学生适当感官刺激，能够调动听障学生的学习兴趣，激发他们的求知欲。例如，在教学《枫桥夜泊》时，笔者打开多媒体一体机，播放古诗中所描绘的画面意境：月亮落下去了，乌鸦断断续续地鸣叫，茫茫夜色中似乎弥漫着霜华，对面岸上隐隐约约的枫树和江中闪烁的渔火。"我"难以入眠，夜半时分，苏州城外的寒山寺凄凉的钟声，慢慢地飘荡到客船。听障学生先看画面，教师再做适当的演示，当他们明白并理解诗词表达的意境时，学习兴趣容易被激发。

二、运用信息技术再现诗词中的情景，帮助听障学生理解古诗词的意境

古诗词抒发诗人感情是通过形象构成意境，然后借助语言文字表达出来。

古诗中，描写情景的诗句有时很难理解，而通过图画再现场景，就变得浅显易懂了。教师通过多媒体教学，能在诗词和听障学生之间构建一座桥梁，把诗句中静态的东西变为动态的东西，帮助听障学生更好地理解诗词的意境。例如，在教学《清平乐·村居》时，听障学生很难理解诗中所描写的宁静惬意的田园生活图景，更不要说理解诗词的意境了。为了解决这一教学难题，笔者制作了动画课件，在课文原来插图的基础上，将"剥莲蓬""织鸡笼""锄豆"的动作以动画的形式演示出来，将其中所描绘的画面与人物活动进行对比，并将事物之间的联系制成动画片，再现诗词中的情景，使听障学生深刻理解诗词的意思，从而帮助听障学生理解诗词中蕴含的优雅闲适的田园生活意境。

三、运用信息技术优化朗读训练，培养听障学生朗读古诗词语感

古诗押韵，节奏感强，寓意深刻，朗读起来朗朗上口，悦耳动听，富有美感，可惜听障学生无法听到。尽管这样，还是要教会他们读出古诗的韵味来，这在普通人看来很容易的事情，但在听障学生面前却成了难事。针对这种情况，教师要恰当地运用信息教育技术，以帮助听障学生体会诗的节奏、诗的韵律，培养听障学生的语感，使他们在诵读中收到诗情的熏陶。例如，在教学《寻隐者不遇》这首诗时，教师可以通过投影设备展现一幅美丽的图画——苍松下，诗人正在询问年少的学童，学童说师父已经进山中采药了，他还对诗人说，就在这座大山里，可惜云雾缭绕，不知师父的行踪。教师一边引导听障学生看图，一边声情并茂地朗读。听障学生看到意境深远的画面，再配上教师充满激情、表情丰富的朗读，自然而然就会产生朗读的愿望。培养听障学生朗读古诗词兴趣，能使他们更好地把握朗读诗词的节奏和语感。

四、运用信息技术拓宽知识面，提高听障学生学习古诗词的教学效率

在古诗词教学中运用信息技术能极大地提高课堂上的教学效率。网络、电视、录像等有很多相关的古诗词赏析知识，只要课堂上有需要，利用现代信息教育技术，就能在短时间里使听障学生看到栩栩如生的画面、清晰自然的图像，避免教师操作教具时的手忙脚乱和顾此失彼，从而赢得教学时间，节约下来的时间用来朗诵古诗词，增加教学知识量，拓宽听障学生知识面，提高教学效率。

五、运用信息技术渗透美学教育，提高听障学生古诗词的鉴赏能力

古诗词作者往往通过诗词抒发自己的内心感情，或歌功颂德追忆先人烈

士，或针砭时弊揭露社会不公，等等。很多教师在教听障学生学习古诗词时，把关注点放在理解和背诵上，而无法让听障学生深入理解诗词的思想感情，使古诗词失去应有的美感。如何让听障学生感受到古诗词蕴含的美，产生情感上的共鸣呢？这是听障古诗词教学的一个难点。听障学生的认知特点是要靠视觉、触觉和运动觉的参与，因此，在古诗词教学中，运用信息教育技术创设美的情境，能够发挥听障学生的视觉代偿功能，让学生在古诗词的学习中接受美育教育。古诗词中不少是广为流传的千古绝唱，语言凝练，文质兼美，意境深远。如果仅凭教师用语言解释，学生是很难理解的，更不用说体会诗词中蕴含的美了，而借助信息教育技术可以轻松解决这些难题。因此，在教学中，教师应重视氛围的营造，以景入诗，以画入诗，先给听障学生视觉上的冲击，利用视觉形象的美来激发学生的学习热情。例如，在教学杜甫的《绝句》时，教师先播放春天的图景，让学生欣赏春天的景色，图景中出现"黄鹂""翠鸟""白鹭""青天"等景物，教师把文字与景物紧密结合起来，再利用课件突破教学难点——"窗含西岭千秋雪"（PPT出示图片）：诗人在窗前眺望窗外，眼前的景物和远处的景物仿佛是嵌在窗框中的一幅图画，近在眼前，非常美丽。这样轻而易举地帮助学生理解了"含"字在诗中的意思。又如，在教学《望庐山瀑布》时，教师先让学生欣赏一段庐山瀑布的视频。很多学生从未见过瀑布，当画面上出现银链链般的瀑布在山顶上飞流而下，水珠四溅，水雾升腾，阳光一照，呈现出一派迷迷蒙蒙的紫色时，学生中发出了一阵惊叹，还有一些学生不由自主地打出了美的手势，视频的播放把学生带进了美景中。教师通过信息技术形象直观的教学方法，提高了听障学生诗词鉴赏能力。

听障古诗词教学要合理运用信息技术，改变传统的古诗词教学模式，既改进和丰富了教学方法，又提高了听障学生学习古诗词的兴趣，激活了课堂气氛，提高了古诗词教学的效率。教与学方式的变化，对教师的信息教育技术运用能力提出了更高的要求，特殊教育教师和学生只有不断加强学习，充分利用现代信息技术，走在信息化时代的前沿，才能使听障古诗词教学变得更加轻松、更加高效！

（此文发表在《珠江教育论坛》2015年12月第4期）

■ 案例6

<h2 style="text-align:center">基于微课的聋校高中古诗词教学的实践与思考</h2>

《普通高中语文课程标准（2017年版2020年修订）》实施建议"探索信息化背景下教与学方式的转变"中提道，"要借助信息技术优化整合课堂教学"。由于听障学生以目代耳的学习特殊性，传统的教学模式无法满足听障学生的学习需求，必须借助多媒体技术辅助教学，将信息技术与聋校高中语文课堂紧密结合起来。微课是在现代教育信息技术基础上继承与发展起来的一种新型教学方式，微课配以文字解说、图片展示、动画演示等形式呈现知识，与听障学生"以目代耳"的学习优势非常匹配，能吸引听障学生的注意力，激发听障学生的学习积极性。在古诗词教学中恰当使用微课辅助教学，能高度聚焦某个知识点，逐个击破教学重难点，打破语言障碍的壁垒，还能让听障学生直观感受"诗中有画""画中有诗"的意境，帮助听障学生突破诗歌鉴赏的瓶颈，达到提高古诗词教学效率的目的。通过对特殊学校一线教师疫情期间线上教学进行实践调研发现，微课依托网络平台，可以在课前提供学习帮助，也可以在课中展示学习目标、分解重点难点、创设多元化的教学情境，课后还可以帮助学生对知识点进行复习巩固，提高复习效率。审美鉴赏能力是高中语文新课程标准的核心素养，高中新课程标准要求学生通过学习古诗词"继承和弘扬中华优秀传统文化"，从而提高听障学生对中华优秀传统文化的鉴赏能力。根据微课的特点以及聋校高中古诗词的教学要求，笔者认为微课非常适合聋校高中古诗词的教学，能够收到良好的教学效果。现以高中古诗词《登高》《琵琶行·并序》教学中运用微课教学为例，探讨聋校高中古诗词教学借助微课提高听障学生课堂教学效率的途径及方法。

一、借助微课课前导学了解作者生平及古诗词创作背景

大部分高中听障学生具备一定的预习能力，但仍需要教师的具体预习指导，借助微课课前导学是一种非常有效的预习方式。譬如古诗词的预习，笔者发现听障学生要了解诗词作者生平事迹以及诗词创作背景，从网上收集到的资料零星而散乱，有很多听障学生还不会整理，过程耗时耗精力。为了更好地帮助听障学生理解《登高》作者杜甫的生平及创作背景，笔者先收集整理杜甫晚

年漂泊夔州时抱病独登台所作的《登高》相关资料，并制作成课前导学型微课，通过文字、图片、视频等方式帮助听障学生了解杜甫这位伟大现实主义诗人及这首诗的创作背景，并设计如下的导学检查习题：杜甫是中国文学史上伟大的（　　　），被世人尊为"（　　　）"。《登高》写于（　　　）年，当时作者漂泊（　　　）。通过微课导学，听障学生对杜甫生平及诗词创作时诗人所处的社会环境有了清晰的认识，这不仅激发了听障学生学习古诗词的兴趣，还有助于听障学生深入体会古诗词表达的思想感情，为下一步的学习赏析诗词《登高》及理解诗人的思想感情做好铺垫。

二、借助微课创设古诗词意境

意境，是古诗词最美妙的部分，也是古诗词教学中听障学生难以掌握的内容，若教师单凭文本来分析讲解，听障学生因语言积累不足，无法通过语言文字理解领悟想象诗词的意境，因此教师只能发挥听障学生的视觉优势来帮助他们学习，而微课融合图像、视频、动画等多种直观教学方式，呈现古诗词唯美的意境，通过意境的创设领悟诗人表达的思想感情，帮助听障学生突破古诗歌鉴赏的瓶颈。例如，在杜甫《登高》意境教学中，教师可以这样设计微课：先解释意境指的是什么，意象指的又是什么，它们之间有何关系；再展示诗中"风、天、渚、沙、鸟、落木、长江"等静态的意象，然后利用动画视频展示出由以上的意象组成的"风急、天高、渚清、沙白、鸟飞、落木萧萧、长江滚滚"等动感的意境，结合作者"万里""百年""无边""不尽""霜鬓"的描述，最后创设再现作者杜甫当时所处的自然环境及他的身体状况，意境引导听障学生根据古诗词意象及意境的赏析，发挥个人想象，描绘自己所理解诗中的意境，综合以上图像、视频、动画、想象，情与景交融相洽，根据个人的理解勾勒出杜甫年老多病、沦落他乡、独自登高的悲凉画面。教师通过运用信息技术开展微课教学，把抽象难懂的古诗词文字转化成图片，通过分析诗歌的意境来理解诗人抒发的情感，让听障学生深刻领会《登高》诗词中杜甫离乡万里、久客孤独、悲秋苦病、忧国忧民的意境。最后，教师要求学生根据自己的理解，课后画一幅画，画出心目中杜甫的形象，达到以画解诗、以诗绘画的教学目的，帮助学生进一步理解此诗所描绘的意境。

三、借助微课再现古诗词故事情景

白居易的《琵琶行·并序》是一首长篇叙事诗，故事性非常强：开端（送客）、发展（听乐）、高潮（互诉身世）、结局（再奏琵琶）。但因为诗篇比较长，而且是古诗文，学生理解比较费劲，对故事情节难以把握概括。教师可以利用微课通过视频动画的方式展示白居易与琵琶女相遇的故事情节：利用万彩动画软件，设计琵琶女以及白居易的动画形象，根据故事情节配上文句以及两人的对话，在课堂上给听障学生观看，把整首叙事诗的故事情景再现，以故事演绎的形式帮助听障学生形象直观地理解故事情节。教师通过动画与文句对话同时展现，吸引听障学生的注意力，让听障学生仿佛置身于故事场景当中，理解故事发生的具体情节，借助一节微课把整件事的经过串联起来，给学生呈现一个完整的故事，起到提纲挈领的作用，教学效果比单纯出示文句要好得多。学生学习完微课后，还可以通过个人理解来演一演，加深对诗词所述故事情节的理解。

四、借助微课提升古诗词鉴赏能力

通过学习古诗词提升古诗词鉴赏能力是普通高中语文新课标所倡导的。《琵琶行·并序》是一曲千古不衰的绝唱，其中诗人用语言文字来表现音乐的技巧非常高超，值得后人细细品味，但是大部分听障学生因为缺乏对声音的感知，无法像常人那样感受到琵琶声音的美妙，对诗文中描写琵琶美妙声音的句段比较难理解，在教学实践中如何借助微课来解决这个问题呢？笔者以"《琵琶行·并序》描摹音乐的艺术手法"为题做了一节微课，用红色字体标记出"急雨、私语、莺语、泉流、银瓶乍破、刀枪鸣、裂帛"，让听障学生思考回答以上这些词语用的是什么修辞手法（比喻），然后根据以上词语声音的高低强弱画出声音的变化图（由缓慢低沉到清脆悦耳再到高亢激昂最后戛然而止）。又如"冰泉冷涩弦凝绝"中的"冷"是接触时感受到的温度，而"涩"是舌头的感觉，由听觉到触觉、味觉，让听障学生回答用的哪种修辞手法（通感）。笔者用蓝色字体标记出"嘈嘈""切切""嘈嘈切切"这些叠词，让听障学生体会这些叠词的美感与节奏。通过微课的直观形象教学激发听障学生学习古诗词的兴趣，打通听障学生生理缺陷而导致的学习壁垒，提高听障学生对经典古诗词的阅读、鉴赏能力。

五、借助微课突破古诗词教学重难点

因为时代的变迁，古诗词所呈现的很多东西都离我们非常遥远，若不结合当时的社会背景及作者的生平去分析，学生是非常难理解的，如《琵琶行·并

序》中白居易与琵琶女可谓萍水相逢，社会地位差别很大，但琵琶女的身世却引起白居易强烈的共鸣，令他感慨万千，留下"同是天涯沦落人，相逢何必曾相识"的千古名句，原因是什么呢？这是本古诗词教学的重难点，如何集中火力突破这个重难点呢？就需要借助微课这一利器，以问题为切入点。笔者把微课题目定为：萍水相逢——身世共鸣，笔者先由诵读琵琶女的身世遭遇这一段，再播放白居易的身世遭遇小视频，然后启发听障学生思考：琵琶女的身世和白居易的遭遇有哪些相似的地方？通过教师点拨分析，由学生各抒己见来对比总结，学生明白了他们两人产生共鸣的原因是：他俩都来自京都，都是才华出众、晚年却落魄失意，身世相似。本节微课赏析琵琶女自述身世遭遇的内容，再联系白居易的人生遭遇，分析两人产生共鸣的原因，帮助听障学生理解诗人为何"湿衣衫"，为何发出"同是天涯沦落人"的感慨，从而突破教学重难点。

六、借助微课指导朗读增强情感体验

古诗词三分靠解读，七分靠吟诵，诵读是古诗词教学最有效的学习方式。在教学过程中，教师可以让听障学生在反复诵读古诗词的过程中逐步了解古诗词的主题，产生自己的阅读感知，形成自己的诵读体会。因此，如何指导听障学生学习掌握诵读是古诗词教学的重点及难点，教师可以利用微课设计古诗词吟诵专题讲解，再结合具体的诗词教学训练来帮助听障学生掌握诵读技巧。例如，《登高》的诵读指导：一是断句划分，使诗句读起来节拍分明，朗朗上口；二是准确把握诗词的感情基调，抑扬顿挫。沉郁顿挫是杜甫诗词的风格，《登高》抒发的是诗人漂泊他乡、年老多病、孤独无靠的悲苦心情。因此，此诗的感情基调是"悲"，朗读时语气要低沉缓慢。教师展示名家的诵读视频让听障学生观摩欣赏，仔细体会，观摩学习，用心感知诗人的情感变化，增强对诗词的情感体验。

七、借助微课培育听障学生的文化自信

古诗词是中华传统文化的瑰宝，历经千年依然熠熠生辉，承担着民族文化传承，象征着诗词文化兴衰，而利用古诗词对听障学生进行文化自信教育非常必要。微课基于互联网大环境，可以围绕古诗词教学所需选取网络资源用来辅助教学，弥补传统教学资源不足的问题。为了帮助听障学生认识杜甫这位古代伟大的现实主义诗人，教师还可利用微课，把《登高》及之前学过的《茅屋为秋风所破歌》进行串联教学，把这两首诗所表达的思想感情进行分析对比，总结提炼出杜甫关心大众疾苦、忧国忧民的社会情怀，同时，将杜甫的进步思想和现代社会主义核心价值观结合起来：杜甫尽管晚年遭受漂泊万里、体弱多病、孤苦无依的痛苦，但他未抱怨社会不公平，仍然推己及人希望那些同他一样的天下寒士能够有栖身之所。这就是中华民族精神文化中的瑰宝，值得后人学习。在教师的引导下，听障学生可以通过感悟诗词中作者的高尚情操，从而树立起正确的文化自信心和赤子爱国心。

八、借助微课开展古诗词专题式教学

在高中古诗词教学中，教师要围绕学生的学情和古诗词的特点设定一系列的专题微课，引导学生展开专题复习总结活动。例如，教师可以把学生学过的李白的《行路难》和《蜀道难》合并成一个专题：李白因何难？在微课中先概括介绍李白的生平及创作成就，让学生一起回忆学过的李白写的诗，简单列举出来，然后复习这两首诗的主要内容和出自这两首诗的经典名句，以及作者所抒发的思想感情，用问题引导学生由浅入深地思考：李白为什么会发出"行路难""蜀道难，难于上青天"的感慨？并组织学生展开讨论活动，剥茧抽丝，深入挖掘诗词的意蕴。在此过程中，学生独立赏析的能力得到了提高，能更好地品味古诗词的韵味，获得更丰富的审美体验，教师帮助学生系统地复习回味领悟李白的诗歌特点，引领学生漫溯古诗词学习的最深处。

以上就是笔者探索信息化背景下基于微课的聋校高中古诗词教学实践与思考。笔者在运用微课教学过程中发现，微课教学为聋校高中古诗词教学注入了生机活力，激发了听障学生学习的兴趣，符合听障学生"以目代耳"的学习特点，更能提高古诗词课堂教学效率，尤其是在疫情期间无法线下教学时发挥了极其重要的作用，因此，微课在聋校高中古诗词教学中值得推广应用。

（此文为2021年肇庆市"十四五"教育规划课题《5G+智慧教育背景下聋校语文教学中微课的应用研究》阶段性研究成果）

五、信息技术与听障小说教学深度融合的探索实践

小说教学贯穿听障语文中高年级，越到高年段，小说篇幅越长。笔者结合高中部听障学生学习小说存在畏难情绪的实际情况，尝试"应用微课导学，分板块小步走"的教学模式进行教学，旨在借助微课把教学内容分成几个板块的

知识，借助微课导学，将文本集中于几个知识点，降低学习坡度，一方面缓解学生的畏难情绪，另一方面尽量在课堂上做到"小开口、深挖掘"，切实提高听障学生小说阅读鉴赏能力。

案例7

基于微课的听障高中小说教学模式设计与实践
——以《林黛玉进贾府》为例

微课强调"先学后教，以学定教"的教学理念，具有明确具体的教学目标，制作方便，内容集中，针对性强，短小精悍，特别强调对某个知识点的教学。微课依托网络平台，可以在课前提供学习帮助，课中辅助授课，课后帮助复习巩固。最重要的一点是，微课主要以视频文字等为载体，非常符合听障学生"以目代耳"的学习特点。

《林黛玉进贾府》是高中语文人教版必修3第一单元第一篇文章，是小说阅读教学中的重要篇章。课前调查发现：班上只有两名学生看过电视剧《红楼梦》其中一两集，对小说里的人物、事件也说不出一二。其余学生没有接触过《红楼梦》这本小说，对其认识为零。听障学生面对《林黛玉进贾府》长篇幅的文本有严重畏难情绪。笔者根据以上学情，结合小说三要素（人物、情节、环境）及微课的特点，根据高中语文课程标准中"阅读与鉴赏"具体教学目标的确定应专研课程标准与教材，联系学生实际，弹性设置教学目标这一指导精神，运用程红兵教授提出的"教学目标要精准、集中、具体"这一教学理念，采用微课支持下"分板块，小步走，小开口、深挖掘"的教学模式，旨在借助微课把教学内容分成几个板块的知识，将文本集中于几个知识点，降低学习坡度，缓解学生的畏难情绪，提高听障学生小说阅读鉴赏能力。本案例以《林黛玉进贾府》教学为例，对基于微课的听障高中小说教学模式进行一系列的实践探索。

一、微课课前导学激发学生阅读、鉴赏的兴趣

《林黛玉进贾府》选自《红楼梦》第三回，在课前预习阶段，笔者发现全班没有一个学生读过《红楼梦》这本小说，不知道小说的故事情节，更分不清主要人物的关系，畏难情绪严重。根据这种情况，在学习文章之前，笔者设计

了微课进行课前导学。

课前导学见表6-4-1。

表6-4-1

微课名称：你了解《红楼梦》吗？	
知识点	1.介绍小说《红楼梦》梗概。 2.介绍《红楼梦》的作者。 3.《红楼梦》主要写了哪四大家族的兴衰史。 4.《红楼梦》的主要人物及她们之间的关系
教学方法	讲授法、启发法
教学内容	
片头	展示课题：你了解《红楼梦》吗
导入	同学们知道中国的四大名著吗？排在首位的是哪一部
正文讲解	1.介绍小说《红楼梦》梗概。 2.介绍《红楼梦》的作者——曹雪芹。 3.《红楼梦》主要写了哪四大家族的兴衰史。 4.《红楼梦》的主要人物：贾宝玉、林黛玉、薛宝钗、王熙凤。 5.《红楼梦》的主要人物之间的关系，出示思维导图（略）
小结	通过学习，你对《红楼梦》是不是有了一个初步的了解与认识呢
作业	仔细阅读《林黛玉进贾府》一文

根据《普通高中语文课程标准（2017年版2020年修订）》文学阅读中的教学提示：教师应向学生提供有效的阅读支持，创设阅读情境，激发学生阅读兴趣，引导学生阅读、鉴赏、探究。这节导学微课的最后落脚点回到引导学生仔细阅读《林黛玉进贾府》一文，旨在通过课前导学激发学生阅读兴趣，因为只有学生认真仔细地阅读文本，才能理解文章的内容，才能培养独立的阅读能力。微课导学可以帮助学生有目的地预习，避免学生在预习过程中出现"胡子眉毛一把抓"的现象。笔者通过微课导学做好相关的知识铺垫，让学生对《红楼梦》有初步的了解。这样的知识铺垫对下一步学习《林黛玉进贾府》这篇文章将会起到高屋建瓴的作用，因此教师要舍得花时间让学生自己根据导学进行个体预习。在预习过程中，笔者发现学生对自己感兴趣的人物、故事情节会饶有兴趣地展开讨论，甚至辩论得面红耳赤。教学实践证明：学生对微课导学中梳理出来的贾府主要人物之间关系的思维导图，印象非常清晰，有助于突破教

学的难点。为了检测教学效果，笔者在课堂中提问：林黛玉和贾宝玉是什么关系？林黛玉和贾母又是什么关系？林黛玉对王夫人和邢夫人该如何称呼？大部分学生都能正确回答出来。这也证实学生有认真地预习，而且收到良好的预习效果，为下一步学习打下了基础。

二、降低学习坡度，助力达成教学目标

《林黛玉进贾府》这篇文章篇幅较长，出场人物众多，环境描写典型且复杂，学生读一遍下来有雾里看花的感觉，甚至有学生出现看到后面部分又忘了前面的内容的情况，因此学习起来毫无头绪，思绪纷乱。为了帮助学生摆脱以上困境，笔者根据微课的优点及小说的三要素，化繁为易，抽丝剥茧，分三个板块（人物、情节、环境）、五个小主题来设计课堂教学，力求做到"分板块、小步走、小开口、深挖掘"。

第一板块教学：分析人物形象及其性格特点

小说是通过人物形象表现主题和作者思想的，本文塑造人物方法灵活多样，特别是对主要人物的刻画更是入木三分、生动传神，因此笔者把分析人物形象作为本篇课文的教学重点，分析了林黛玉、贾宝玉、王熙凤三个主要人物的形象及其性格特点，具体的微课教学设计见表6-4-2至表6-4-5。

表6-4-2

微课名称：分析林黛玉这一人物形象及其性格特点	
知识点	认识林黛玉这一人物形象及其性格特点
教学方法	讲授法、启发法、总结法
教学内容	
片头	展示课题：分析林黛玉这一人物形象及其性格特点
导入	大家看过《红楼梦》的电视剧吗？说说你对林黛玉的认识
正文讲解	1.介绍林黛玉出身。 2.播放经典电影片段"黛玉葬花"，初步感知林黛玉的性格特点。 3.出示课文中描写林黛玉肖像、动作、语言的文句，抓住重点词句来分析林黛玉这一人物形象。 4.根据文句概括林黛玉的性格特点
小结	总结林黛玉这一人物特点
作业	小练笔：谈谈你眼中的林黛玉

表6-4-3

微课名称：分析贾宝玉这一人物形象及性格特点	
知识点	认识贾宝玉这一人物
教学方法	讲授法、分析法、总结法
设计思路	介绍贾宝玉出身→从经典电影片段"宝玉摔玉"认识贾宝玉→让学生在课文中找出描写贾宝玉肖像的文句→根据文句分析贾宝玉的性格特点
教学内容	
片头	展示课题：分析贾宝玉这一人物形象
导入	大家看过《红楼梦》的电视剧吗？说说你对贾宝玉的认识
正文讲解	1.介绍贾宝玉出身。 2.观看经典电影片段"宝玉摔玉"。 3.找出描写贾宝玉肖像的文句。 4.根据文句分析贾宝玉这一人物形象及其性格特点
小结	总结贾宝玉这一人物特点
作业	小练笔：谈谈你眼中的贾宝玉

表6-4-4

微课名称：林黛玉进贾府——王熙凤肖像描写赏析	
知识点	根据王熙凤的肖像描写把握其性格特点
教学方法	讲授法、分析法、总结法、小组探究法
教学内容	
片头	展示课题：林黛玉进贾府——王熙凤肖像描写赏析
导入	王熙凤是《红楼梦》里主要人物之一，有人喜欢她也有人讨厌她，她究竟是个怎么样的人呢？
正文讲解	1.介绍王熙凤的出身及在贾府的地位。 2.让学生在课文中找出描写王熙凤肖像的文句，抓住重点词句来分析王熙凤这一人物形象。 3.根据文句分析王熙凤的性格特点
小结	通过王熙凤的肖像描写，你看到了一个怎样的王熙凤
作业	摘抄描写王熙凤肖像的句子

表6-4-5

微课名称：林黛玉进贾府——王熙凤语言动作描写赏析	
知识点	认识王熙凤这一人物形象及其性格特点
教学方法	讲授法、分析法、总结法、演示法
教学内容	
片头	展示课题：林黛玉进贾府——王熙凤语言动作描写赏析
导入	上节课我们通过学习分析描写王熙凤肖像的文句，体会到王熙凤外表漂亮、暗藏威严、内心奸诈的性格特点，今天我们再来学习课文中描写王熙凤语言、动作的文句，看看王熙凤还有哪些性格特点
正文讲解	1.观看视频《凤辣子初见林黛玉》。 2.观看微课，让学生在课文中找出描写王熙凤动作、语言的文句，抓住重点词句来分析王熙凤这一人物形象。 3.根据文句分析王熙凤的性格特点
小结	总结王熙凤这一人物特点
作业	小练笔：谈谈你眼中的王熙凤

以上的课堂教学都是围绕小说主要人物分析展开的。教学方法：先介绍人物的出身，从经典电影片段如《黛玉葬花》《宝玉摔玉》等入手，让学生在课文中找出描写人物出场、肖像、动作、语言的文句，然后赏析文句，继而根据文句分析人物的性格特点，最后谈谈自己眼中的人物形象。例如，文中写王熙凤出场，教师可以这样提问：王熙凤出场是先看到人还是先听到声音？生答：先听到声音。师：那叫"未见其人，先闻其声"。师再问：你觉得王熙凤是怎么样的人？有学生大声回答道：我觉得王熙凤就像一条变色龙！比奥楚蔑洛夫厉害多了！学生的回答大大出乎笔者的意料，证明学生正在用他们自己独特的思维评价人物，这不正是课程标准里倡导的"多元解读、培养思辨能力"的具体表现吗？分析完林黛玉、贾宝玉、王熙凤这三个主要人物的形象及其性格特点后，让学生选择其中一个人物，以"我眼中的_____"为题写一篇作文。把阅读与写作紧密结合起来，起到加深对人物的认识、提升学生写作能力的作用。

第二板块教学：分析故事情节

一般来说，故事情节在小说中是最容易吸引人的，但《林黛玉进贾府》故事情节比较平淡，没有跌宕起伏的感觉，而且林黛玉一天的行程比较复杂，学生学习起来有点蒙的感觉，因此，借助微课中的小视频及网络资源中贾府平面布局图及故事情节思维导图，可以轻易地突破教学难点，具体内容见表6-4-6。

表6-4-6

微课名称：《林黛玉进贾府》故事情节	
知识点	分析《林黛玉进贾府》故事情节
教学方法	讲授法、分析法、归纳法
教学内容	
片头	展示课题：《林黛玉进贾府》故事情节
导入	小说三要素：人物、情节、环境，《林黛玉进贾府》一文描写的故事情节有哪些
正文讲解	1.观看小视频《林黛玉进贾府》。 2.借助网络资源提供一个贾府的平面布局图给学生作为参考，让学生按照林黛玉的行踪路线进行演示，以帮助学生构建自己的思维形象。 3.《林黛玉进贾府》一文的情节以林黛玉的行踪为线索，可概括如下：（略）
小结	总结《林黛玉进贾府》故事情节
作业	把学生分成两组，画出《林黛玉进贾府》的线路图

第三板块教学：分析贾府的典型环境

《林黛玉进贾府》通过林黛玉的耳闻目睹对贾府做了第一次直接描写，介绍了贾府的环境，突出了贾府"与别家不同"的首先是建筑，林黛玉第一眼看到的是贾府的外观：石狮子、兽头大门、正门有一匾。贾府里面有三间大门，进了垂花门，两边是游廊，转过插屏，三间大厅……其次是屋里摆设的贵重物品，以及各种等级的奴仆。课文重点描写"荣禧堂"，以特写镜头刻画非同凡响的画匾、名贵乌木联排对联，"荣禧堂"堂上客的身份……可见贾府是一个社会地位高、房子气派非比寻常的豪门望族。黛玉看到贾府礼节繁复、等级森严、仆从如云、吃穿用度奢豪。学生假如单靠读课文来理解，难度确实大，教学时笔者先要求学生画出描写贾府的典型环境的文句，慢慢品读，再结合微课中的小视频《林黛玉进贾府》，细心留意里面环境景观、房子的布局、家具的摆设、各种等级仆人的衣着特点等，让学生仿佛置身其中，感受贾府这一"钟鸣鼎食之家，诗礼簪缨之族"的奢华生活，深入理解贾府的典型环境，具体见表6-4-7。

表6-4-7

微课名称：《红楼梦》中贾府的典型环境	
知识点	认识《红楼梦》中贾府的典型环境
教学方法	讲授法、分析法、概括法
教学内容	
片头	展示课题：《红楼梦》中贾府的典型环境
导入	小说三要素：人物、情节、环境，《林黛玉进贾府》一文描写贾府的典型环境是怎样的呢？下面我们就跟林黛玉一起去走一圈感受一下
正文讲解	1.观看小视频《林黛玉进贾府》。 2.让学生在课文中找出描写贾府外观、布局、陈设的文句。 3.根据文句分析贾府的典型环境
小结	贾府的典型环境可以用哪些词语来概括？（富丽堂皇、金碧辉煌）
作业	把描写贾府典型环境的语句摘抄下来

三、效果反思

以上是笔者基于微课的听障高中小说教学模式设计与实践，笔者在实践运用中发现，微课为听障高中小说教学开辟了新的教学模式，借助微课辅助教学可以达到化繁为易、逐个击破教学难点的作用，充分体现学生的主体作用和教师的指导作用，能提高高中小说教学效率，提升学生对小说的鉴赏能力。教学实践证明：学生对微课导学中梳理出来的贾府主要人物之间关系的思维导图，以及贾府平面布局图印象非常深刻。在分析主要人物形象及性格特点时，笔者借助微课根据文句分析人物的性格特点，让学生分小组进行探究性学习，给每个小组发一部平板，派发学习任务单，当堂检验学生完成情况。本课充分借助现代信息技术进行辅助教学，体现以微课指导学生自主学习，发挥学生学习主体作用。尤其是在疫情期间无法进行线下教学时，微课发挥了极其重要的作用，因此基于微课的听障高中小说教学模式值得推广。

（此文获2022年广东省中小学信息技术教育论文二等奖，发表在《电脑校园》2022年第4期）

六、信息技术在听障作文教学中的应用实践

作文教学是听障语文教学中最难的一项教学任务，听障学生因为听力障

碍缺少语言积累，写起作文来如同拉牛上树，百般费劲。信息技术集图片、文字、声音等多种媒体于一体，具有得天独厚的教学优势。以下是笔者根据听障高中学生的学习特点探寻的一种作文教学法。

案例8

借助信息技术架起生活与写作的桥梁
——互动作文教学模式

在网络环境下的作文教学过程中，笔者借助信息技术，采用"创设情境—指导写提纲—自由创作—学生交互评议—教师总结点评"五个教学环节给学生上作文课，构建新型教学模式来进行作文教学试验，充分体现了学生的主体作用。

在不同的习作教学中，笔者充分地利用多媒体软件的友好交互界面和多媒体的超文本结构，针对学生的实际情况，按照由浅入深、由具体到抽象的认识规律，采用不同的观察方式，有效地指导学生进行观察，以提高学生观察事物、分析事物的能力，再指导学生把自己想说的话写出来，形成一篇作文。

下面以实物说明文的教学为例进行介绍。

一、教学目标

（1）学会抓住事物的特征去说明事物。

（2）学会用常用的说明方法去具体说明事物。

（3）学会按照一定的顺序说明事物。

教学重点是根据事物的特征具体说明事物。教学难点是根据事物的特征具体说明事物。教学资源：有网络的多媒体教室，师生人手一台平板电脑。

二、教学过程

（一）实物导入

今天老师给大家带来一种水果，（出示一个柚子）大家先观察柚子的外形特点，请一位同学把柚子去皮剥开，请大家闻一闻，尝一尝。

（二）新课

（1）今天我们就来写一篇关于柚子的说明文，还记得我们之前学过的说明文《松鼠》吗？写实物说明文最重要的一点就是能把实物的特征说清楚。

（2）刚才我们已经观察了柚子的外形特点，尝过了柚子的味道，那么，你了解柚子的生长环境及柚子的生长过程吗？请大家通过网络搜索。了解一下，为接下来写作做好准备。

（3）教师播放事前准备好的多媒体课件，展示柚子的生长环境及柚子从开花到成熟的整个过程，以此替代教师的讲述，更生动真实地展现学生需要了解的知识，极大地提高了学生的兴趣。

（4）开始写作之前，请大家先来构思文章的结构，按自己的思路拟好提纲，然后把自己的习作提纲与全班同学共享，达到让大部分学生都能主动参与的目的。

（5）在自由创造环节，由于是在平板上进行，在电脑字典的帮助下，学生写作速度相对比较快。

（6）点评环节。在"交互评议"环节中，在教师指导下，同学们根据自己的喜好自由选择作品进行点评。这种基于网络环境下的评议，使全班学生都能够在不同时刻看到自己最想看的同学的作文内容，促使每个学生都积极参与评议和修改。听障高中生普遍表现出很高的参与热情，因而本课收到了传统作文教学所无法比拟的效果，学生的作文水平得到了很大的提高。我精选出30多篇学生的优秀作文，把它们编辑成《生活化优秀作文集》并印刷成精美的书籍，作为毕业季送给母校师生的礼物。

笔者个人感觉评改学生作文是最头疼的：听障学生的作文常常错误百出，语句不通顺、不完整、词不达意等，教师又不能通过口语和他们交流，只靠手势与他们交流，做手势也不能很完整地表达出内容（手势不能一一表达每个词语），所以听障学生作文的评改是最难、最花时间的。作文教学过程中采用互动评改的模式，使作文评改更方便、快捷了，而且使引导并教会学生自己修改作文成为可能。在教学中，教师还可以使用视频演示仪把部分有代表性的学生作文展示出来，让大家发表各自的看法。这种方法主要有两个好处：一是当面批改，反馈及时，见效快。发现学生作文中的典型问题，当即展示，加以指正。二是直观。教师将批改的过程完整地展示给学生，具有较强的指导性，使全班学生都学会修改的一般方法。在交流评议中，每个听障学生的作文都可由别人评价，每个听障学生也都可以成为"小先生"，对别人的作文提出自己的见解。听障学生在这种交互活动中，可以充分吸收别人的长处，克服自己的不足，学会自己修改，从而提高作文质量。

总之，信息技术能生动地再现生活画面，全方位地、多元化地调动听障学生的视觉、听觉、动觉，多层次地引导思维发散、拓宽思维，从而培养学生的创造力，提高综合素质。作文教学如果能坚持不懈地运用这种形式进行训练，对挖掘学生的作文思维潜力、形成良性循环，有深远的意义。

七、信息技术在听障阅读教学中的应用实践

随着信息技术的飞速发展，多媒体、网络已经深入社会生活的各个领域，许多先进的信息技术设备走进了听障教学课堂。怎样结合听障阅读教学的自身特点，对信息技术与阅读教学进行有效融合成了特教工作者关注的问题之一。

案例9

信息化环境下的情境教学在听障学校语文教学中的运用
——以听障学校五年级语文《精彩的马戏》为例

听障学生心理学研究表明，把思维过程融于情境中，听障学生就会对教学活动产生直接的、强烈的兴趣。作为一名从教将近二十年的特教教师，笔者发现由于听力障碍，听障学生必须依靠视觉感知世界，对语文文本的理解停留在表层，不能深刻地体会课文的思想。教师应创设能引导学生主动参与的教育环境，激发学生的学习积极性，培养学生掌握知识和运用知识的能力。下面以聋校五年级教材《精彩的马戏》为例，谈谈情境教学在聋校语文教学中的运用。

一、情境教学符合听障学生的学习心理

情境教学是指在教学过程中，教师有目的地引入或创设具有一定情绪色彩、以形象为主体的生动具体的场景，以引起学生一定的态度体验，从而帮助学生理解教材，并使学生的心理机能得到发展的教学方法。情境教学是一种较为先进的教学方法，通过创造与现实生活类似的情境弥补学生听力上的不足，从而获得更多的体验，能够显著提高学生的学习效率和语言水平。情境教学符合听障学生的认知规律，既能提高听障学生的认识事物能力、语言表达能力、思维发展能力，又能优化课堂教学，提高课堂效率。

二、聋校语文教学中创设情境的主要方法及途径

以聋校五年级语文教材《精彩的马戏》为例：

（一）借助多媒体再现情境

由于听力的缺失，听障学生在学习语文方面普遍存在着困难，具体表现在语言贫乏、语序混乱、语言表达困难，在学习过程中，很容易产生挫败心理和畏难情绪。对他们来说，视觉是他们的优势感官，具体形象思维是他们主要的思维方式。捷克教育家夸美纽斯说过："兴趣是创设一个欢乐和光明的教学环境的主要途径之一。"若听障学生对学习的内容产生了兴趣，我们的课堂教学就成功了一半。但是，兴趣并不是与生俱来的，而是通过外界事物的新颖性、独特性引起的，多媒体以其形象、生动、直观新颖的特殊功能，得到了听障学生的认可和喜爱。为此，在《精彩的马戏》教学中，笔者运用多媒体课件来帮助他们学习课文，提高他们的学习兴趣。例如，《精彩的马戏》导入部分借助多媒体视频，把学生带入生动逼真的马戏场景中，使学生一下子进入了课文情境，通过情境和生动形象的动画画面，让学生直观地感受马戏的精彩，既帮助学生初步体会了课题中"精彩"一词的含义，又激发了学生的学习兴趣与欲望。又如，课文的第二自然段是本课的重点导读段落，笔者先用课件出示"猴子爬竿"的图片，让学生说说看到了什么；然后用课件出示课文及需要探究的问题："谁表演节目""怎样表演""观众有什么反应"；接着，指导学生逐个探究问题，笔者重点指导第二个问题，通过读、画、说、演等方式来帮助学生理解第二自然段的内容。再如，《精彩的马戏》一课的教学难点是怎样帮助听障学生弄明白：动物们为什么能表演这么精彩的节目，为什么说马戏团的叔叔阿姨真有办法呢？为了突破这个难点，笔者播放马戏团的驯兽师训练动物时的场景，让学生感受驯兽师训练动物时的辛勤付出，知道动物们之所以能表演精彩的节目是驯兽师们训练的结果，明白还是人类有方法这个道理。

（二）借助图画再现情境

借助图文结合帮助听障学生正确理解课文是聋校语文教学中有效的教学方法。文与画是相通的，因此，借助图画再现课文情境，可以把课文具体化、形象化，收到"一图穷千言"的效果。在图画面前，学生看得清楚，感受得真切，易于接受和理解，同时能体会到作者把图画变成文字的高明，在运用图画再现情境时，教师要加以指点和启发。例如，在《精彩的马戏》一课的教学中，笔者在整体感知课文的基础上，根据每一自然段的内容出示每一张插图，根据课文内容的侧重点来指导学生观察图片，做到图和文紧密结合，如观察"猴子爬竿"这幅插图时，笔者就紧扣课文中的语句来指导学生观察：先指图提问猴子穿着什么衣服，再看看它爬上竿顶后怎样做，最后观察它的眼睛及表情。指导听障学生仔细观察图片，有助于帮助听障学生正确理解课文内容。

（三）通过表演体验情境

为了使教学情境真切地展现在学生面前，教师可指导学生扮演课文中的角色，让学生站在该角色的立场上结合课文讲述自己的所见所闻、所想所感。由于学生的心理位置换成了课文中人物的心理位置，学生不仅能把教材内容迅速形成表象，还能很快地进行理解，扮演角色体会情境。在学习完《精彩的马戏》第三自然段后，笔者请了班上的捣蛋王小陈同学表演"黑熊踩球"，然后带领其他同学朗读句子，引导他们观察图片中黑熊的表情，指导小陈把课文中"笨重、小心地、移动、紧张"等动作生动地表演出来。小陈悟性较高，表演得惟妙惟肖，逗得全班同学及听课教师都哈哈大笑。

（四）运用实物演示情境

俗话说"百闻不如一见"，这是人们认识客观事物的一条规律。运用实物演示情境，正是从这一规律出发的。《精彩的马戏》一课中涉及的物体，对大部分学生来说是陌生的，实物一出示，学生便豁然领悟。课文中出现的竿、跷跷板、钢丝、金属圆板等实物都是听障学生比较少见的，笔者就在第一课时教学词语时出示实物，既让听障学生一目了然，又帮助听障学生建立了正确清晰的概念，扫清阅读障碍，为第二课时课文的教学做好铺垫。

（五）生活实践情境

课堂离不开生活。我们要善于利用周边的人及事物获取学生对于作者情感上的切入点，并通过实际经验来体验课文中描写的情景，这有助于学生更好地理解课文内容。因此，把听障学生带入社会、带入现实生活中，让他们在教师的指导下，通过有目的的观察事物来学习词语和句子及课文内容，是极为有利的。例如，学习完《精彩的马戏》一课后，如果条件允许的话，可以带听障学生到马戏团观看马戏表演，以加深听障学生对课文内容的理解。

综上所述，在聋校语文教学中运用情境教学能够大大提高教学效率。在新课程背景下的情境教学，不是为创设情境而创设情境，而是根据课文教学需要来创设情境。因此在聋校语文教学中，教师应该熟悉情境教学模式，熟练而恰当地运用各种情境创设方法，可以根据教学内容和听障学生的实际状况，巧妙地从多角度、多途径创设教学情境，准确把握教学情境的最佳作用点和最佳时机，有效激发听障学生的学习兴趣，提高教学效率。从一定程度上来讲，情境教学可以弥补听障学生生理上的一些缺陷，能让听障学生获得更多的情感体验，从而使其进一步深刻地理解知识。这种方法充分尊重了听障学生学习语文的特殊需要，让听障学生身临其境，在情境中更好地学习语言，确实是一种值得推广的教学方法。

（此文在2018年肇庆市特殊教育学校教师教学设计比赛中荣获三等奖）

八、信息技术在听障拼音及词语教学中的应用实践

听障儿童跟健全儿童一样，只要进入学校开始学习文化知识，就会接受系统的汉语拼音教学。拼音是语文教学的辅助工具，是了解有声语言和书面语言的必备条件，是听障语文教学的基石。拼音更是一年级新生认知、学习的第一道难关，教一年级听障学生学习汉语拼音，教师口干舌燥，声音沙哑，但收效却不尽如人意，艰辛程度可想而知。低年级听障语文教学中的许多课时都是围绕识字展开的，因此，词语教学是低年级语文的重点。在低年级词语教学中科学运用信息技术，能轻松解决教学难点，达到预期的教学目的，提高教学效率。

案例10

谈现代多媒体在聋校低年级语文教学中的运用

现代多媒体技术集文字、图像、声音、动画、色彩等于一体，生动逼真，是一种现代化的直观教学手段。这种直观教学手段在聋校低年级语文教学中具有重要的特殊意义。多媒体教学对听障学生学习语言文字十分有利：它既可以根据课文的内容制作动态画面，把情景搬进教室，又可以将画面和语句紧密结合起来，做到画面、文字、声音同步显示，其具有灵活、便捷、生动形象的表现力和感染力，在聋校教学中正确运用多媒体教学，能够充分调动听障学生的多种感官参与学习活动，帮助其理解和记忆，提高学习效率，强化教学效果。

一、多媒体教学对听障学生学习语文的作用

（一）直观形象，激发听障学生的学习兴趣

兴趣是学生学习、获取知识的最好老师，也是学习的最大动力。对听障学生来说，对比鲜明、相对强烈、活泼生动的刺激容易激发其学习兴趣，从而乐于接受新知，思维活动也易于激活。听障学生由于听力残疾无法用听觉来获取外界信息，他们的认知能力远远低于正常的同龄的少年儿童，如果教师仅凭讲解进行教学，往往给他们的是抽象的印象，难以引起他们的兴趣，教学效果不佳。运用多媒体技术，可以给学生提供事物演变过程的动画来使教学内容形象化、直观化，能够直接作用于学生的多种感官，激发学生的学习兴趣，使教学达到事半功倍的效果。

（二）创设情境，拓宽听障学生的眼界

听障学生的知识面狭窄，生活阅历浅，表象储备贫乏，因此他们往往对教材中课文的形象、意境感受浅浅。在这种情形之下，多媒体技术则能变抽象的语言文字为具体的视觉画面，丰富学生感知，拓宽生活见闻，实现"情境教学"，从而顺利地再现课文中的场景及人物，便于学生理解作品的意境、主旨。运用多媒体技术进行教学，可以在形象的大小、远近、虚实、动静、繁简、抽象具体之间实现转换，而且能突破时空限制，有利于实现其他教学媒体难以实现的"形值"：形、声、色、光的运用与结合有效地渲染气氛，制造氛围，激发学习情感引发"情深"，引起教师、学生与作者产生强烈的共鸣。

（三）引导想象，发展听障学生的思维能力

将多媒体技术引进语文课堂，对发展听障学生的想象力、帮助他们理解语言文字、理解文章意境以及理解人物性格有着重要的作用。我们知道，思维是认识能力的核心。在语文学习过程中，唯有参与，才能真正加速和深化对语言文字知识的理解和掌握。借助多媒体技术，可以深化思维训练，促使听障学生乐学，培养听障学生良好的思维品质。运用多媒体技术，可以引导听障学生对课文字斟句酌，从纷繁中求简，从比较中求真，从而培养思维的准确性。

二、现代多媒体在聋校低年级语文教学中的运用

（一）动态演示，帮助听障学生准确掌握发音方法

汉语拼音是听障学生学习发音、掌握有声语言和书面语言的工具。在汉语拼音教学中，正确掌握发音方法是教学的难点，听障学生学习发音基本上是

由视觉分析来代替感知的。许多声母发音时嘴形的可见性运动范围很小，在闭口或齿间距离很小时，舌面及舌根的运动是很难看得见的，很多声母的发音口形基本相同，只不过是气流缓急不同，导致发音不同，在传统的教学中，听障学生模仿发音时困难很大。而运用现代多媒体教学手段，可以做到发音器官侧切面动态演示，把每个字母发音时各器官及气流的运动情况简易清晰地表现出来，色彩自然逼真。在教师的正确指导下，由学生模仿学习，学生会很快掌握正确的发音方法，使枯燥乏味的拼音教学变得生动有趣，突破了拼音教学中"教"和"学"的难点。

（二）形态演变，帮助听障学生牢固掌握字词的识写

掌握字形是听障学生识字的关键。低年级学生感知事物模糊，对客观事物的轮廓感知占优势，分析能力尚处于较低水平，认字、写字时，对辨别字形差异、正确掌握字形有一定的困难。在教学中，教师可采用多媒体教学手段分析汉字字形，对一年级"日、月、山、水、田"等象形字的教学，可在大屏幕上出示相应的图画和汉字对照，如"山"字，在大屏幕出示一座有三个山峰的山（中间的山峰较高，两侧的山峰相对较低），引导学生仔细观察图形，从物体的"形"入手，再把图形逐渐演变成"山"字，把图形和字形进行比较，找出它们的相似点与不同点，学生亲眼看见象形字的演变过程，很容易把字形和字义联系在一起，记忆深刻。

（三）创设学习情境，帮助学生理解语句的意思

看图学文在聋校低年级语文教学中是重要的教学内容，在教学中，教师都会碰到一些比较抽象的知识点，很难用手语准确地表达清楚，这时就需要多媒体提供图像、视频的帮助。例如，三年级《送雨衣》中的"周总理"形象，学生根本不知道"周总理"是什么人，课文中也没有周总理的插图。教师可通过网络收集周总理的照片，让学生了解"周总理"的直观形象，不但让学生知道了他的身份，还让学生明白了他和"邓奶奶"的关系。又如，在教学二年级《四季》一文时，如果单靠看一幅挂图，凭学生的印象来学习四季的景色、特点，就会比较枯燥乏味，低年级学生由于年龄小、语言组织能力差、想象力不够丰富，很难表达出完整和准确的句子，即使教师提示、启发，学生也会因自身体验不足而很难深刻地感受到四季的特色。教师可以利用幻灯片把四季的景象、特点制作成富有儿童气息的、动静结合的动画片：大屏幕上出示一棵大树，嫩绿的小芽从枝头慢慢钻出来，叶子渐渐伸展开来……听障学生犹如身临其境，感受到这就是春天美丽的景色。教师通过展示不同季节的画面，引导学生进行比较分析，使学生说出切合图意的句子，准确表达出四季的特点，让学生从视觉上得到冲击，从心理上得到体验。

（四）收集生活素材，培养听障学生高尚情操

多媒体可以真实地记录和呈现孩子的活动。马拉古奇曾经说："幼儿透过记录，看着自己所完成的工作时，会更加好奇、感兴趣以及有自信心。"实践证明，低年级听障学生更是这样，通过记录自己的活动并与同伴做比较，会进一步肯定或修正自己，进行自我整合。在聋校低年级语文教材中，每篇课文都有不同的情感教育要求，或爱劳动，或爱学习，或关心他人，或热爱大自然，等等。我们教师不妨用录像机收集学生平时的生活写照，在教学时就可以有针对性地从学生个人出发，从学生的生活入手，对学生进行情感教育。在教学《这是我应该做的》一文时，教师可用录像机把听障学生早上向老师、同学问好或打扫卫生时的情景拍摄下来，也可以动员有条件的家长把学生帮助做家务或尊敬长辈、乐于助人的好事拍摄下来，制作成幻灯片播放给班中学生观看，听障学生看到播放自己的"先进事迹"时定会异常惊喜。教师可以将此与课文内容紧密结合起来，倡导学生向文中的李小鸥学习，做个好学生。这样的示范教育比用手势比画教育来得更有效。

实践证明，运用多媒体来辅助聋校低年级语文教学其效果是显著的，将多媒体技术应用于语文课堂有助于学生理解文学内容，丰富词汇，掌握语言基础知识，发展想象力，提高书面、口头表达能力，更重要的是能发挥学生主体和教师主导的作用，培养和提高学生学习的自觉态度和认识的积极性。

（此文被中国教育教学研究会评为优秀论文，2011年获广东省教育技术论文二等奖，发表在《肇庆教育研究》2009年第2期）

第五节　信息技术与听障语文教学深度融合的案例及反思

信息技术在听障语文教学中的应用实践中，课堂教学是关键，脱离课堂教学实践的信息技术与听障语文教学深度融合就会成为空谈，一线教师只有在课堂上探索研究，才能将信息技术与听障语文教学深度融合逐步变成现实。信息化课堂教学设计，是指用系统方法对信息技术环境下的课堂教学活动过程诸环节、要素及其相互关系进行科学的描述、计划与规定，即为信息技术环境下的课堂教学活动制订的活动方案。课堂教学设计程序是以课堂教学为中心，根据已有的教材、学生、课程计划、设备、设施等前提条件进行设计的，目的是解决教师在这些条件下如何做好教学工作、完成预期教学目标的问题。常见的课堂教学设计程序如图6-5-1所示：

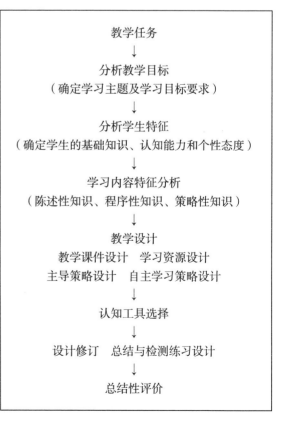

图6-5-1

教学目标分析、信息化教学模式设计、学习资源设计、主导—主体策略设计、教学评价是构成信息化课堂教学设计的五大要素，即基本组成部分。在课堂教学设计过程中，教师需要对常用的一些部分（基本内容）进行思考。为简明起见，信息化课堂教学设计关键环节及其主要目标见表6-5-1：

表6-5-1

关键环节	核心任务
学习目标的阐明	说明教学目标是什么，重点、难点在哪里，说明目标，陈述目标，确定目标，编写行为目标
学习者分析	分析、预测教学对象，评定初始能力、学习风格、信息技术能力，学习者已有的知识经验水平怎样，学习者的个别差异如何，学习者的信息技术能力如何
学习内容分析	说明学习内容，分析教学任务，必须教学的内容是什么
信息化教学模式设计	确定课堂教学的活动程序、步骤和环节，决定教学组织形式等，有哪些环节，每个环节的任务和目的是什么，环节和环节之间的关系有哪些
教学资源设计	教学过程中供教师使用的教学资源，如学习任务的设计、重难点的讲解、学习活动的支架提供等
学习资源设计	教学过程中供学生自主学习和探究的资源，如学科知识的推导过程、背景性内容、情境性问题与内容等
学习工具设计	在自主学习、探究解决问题、协作交流等活动中，学生需要用来延伸思维、知识加工、认知内化的工具。有哪些工具可以促进学生对知识的深加工，对情感的深层次体验？这些工具如何获取，如何使用
主导策略的制订	说明在每个教学活动环节中，教师如何组织、引导课堂，如何成为学习的帮助者、辅助者，提什么问题，如何质疑，如何提炼、概括、归纳与总结
自主学习策略设计	说明在每个教学活动环节中，如何有效地促进学生学习，如采用什么样的协作方法、如何用概念图来表征思想等
教学评价设计	包括总结、检测与练习设计等，围绕教学目标，设计练习和检测方式，诊断学生的掌握情况，根据学生的掌握情况进行反馈、总结、巩固。采用什么样的检测方式，设计什么样的试题

我们学习参考陈玲、刘禹的《跨越式实现高效课堂：信息技术与课程整合高效教学方案评析》中信息化课堂教学设计的过程模式，结合听障学生的学习特点，设计一系列信息化教学案例，下面精选部分优秀教学案例，这些教学

案例都是笔者在实践教学中运用信息技术融合听障语文教学的真实体现，仅供借鉴与参考。

附录1　信息技术在听障语文教学中落实立德树人的案例及反思

信息技术助力听障语文教学实现立德树人
——《就英法联军远征中国致巴特勒上尉的信》教学设计及反思

【教学理念】

1.《聋校义务教育语文课程标准（2016年版）》落实立德树人的理念。

2.信息技术与听障语文学科深度融合的理念。

【教材分析】

《就英法联军远征中国致巴特勒上尉的信》是部编版九年级上册第二单元第二篇课文。本文写的是法国著名作家雨果就英法联军远征中国一事，愤怒谴责英法联军的强盗行为，愤怒谴责英法联军毁灭世界奇迹圆明园的罪行，他深切同情中国所遭受的空前劫难，表现出对东方艺术、亚洲文明、中华民族的充分尊重。这是一篇极好的落实爱国主义教育、实现立德树人的课文。

【学情分析】

本班学习积极性较强的学生中有四名学生语言基础比较好，在这几名同学的带动下，课堂气氛非常活跃。因为缺乏一定的阅读量，大部分学生的语文课外知识贫乏，对历史知识了解甚少。因此，在教学课文前教师为学生提供必要的文章、影视作品，让学生了解，为下一步教学做好铺垫。

【教学目标】

1.知识与技能：理解课文内容，感受雨果的博大胸怀和伟大的人格魅力，接受热爱全人类文化的情感熏陶。

2.过程与方法：朗读法、讨论法研读课文。通过微课理解课文内容。

3.情感态度与价值观：通过学习明白只有祖国强大，我们的民族才能真正摆脱被欺凌的命运，激发对伟大祖国的爱。

【教学策略】

课前精心制作微课，课堂上巧用微课教学：课前导入激情渲染气氛；课中让学生自主学习文本之后，播放英法联军劫掠圆明园、火烧圆明园的视频，激发学生的民族意识；课后观看圆明园残迹微课，帮助学生明白只有祖国强大，我们的民族才能真正摆脱被欺凌的命运的道理，激发学生对伟大祖国的爱，培养民族自尊心。

【教学准备】

1.提供学生预习资料，先让学生了解相关历史事件。

2.制作微课。

【教学过程】

第一课时

（一）导入学习

请大家快速默读课文，整体感知，梳理结构，分别画出赞美圆明园和讽刺侵略者的语句，并细细体味。

（二）合作交流，解读探究

（1）雨果评价圆明园的一个关键词是什么？（奇迹）

（2）圆明园作为奇迹，它的价值体现在哪儿？

①是东方幻想艺术中的最高成就。

②几乎集中了超人的、民族的想象力所能产生的一切成就。

③圆明园是亚洲文明的剪影。

（3）播放微课1。

按照雨果的描绘，圆明园中有哪些物品？（大理石、玉石、青铜、瓷器、异兽、花园、水池、喷泉、成群的天鹅、朱鹭、孔雀等）

（4）"这个奇迹已经消失了"，它是怎样消失的？（被两个强盗——法兰西、英吉利毁了）

（5）播放微课2。

让我们看看两个"强盗"在圆明园犯下了哪些罪行？（洗劫、放火、行窃）

（6）看到这里，同学们心里觉得怎么样？（痛心、愤怒）

（7）大作家雨果对两个强盗的所作所为持什么态度？（谴责的态度）

（8）他是用很激烈的言辞从正面谴责的吗？

［不是，是用反语（反语：故意使用与本意相反的词语或句子来表达本意，也称"倒反""反话"，多用在揭露、批判、讽刺等方面）］

（9）雨果使用了哪些反语？（漂亮、丰功伟绩、收获巨大、文明、赞誉）

使用反语有什么作用？（用反语刻画出强盗的丑态，讽刺侵略者的卑劣行径）

（10）作者说，"我希望有朝一日，解放了的干干净净的法兰西会把这份战利品归还给被掠夺的中国"，这句话反映了他在这件事上的什么立场？

明确：作者从其正直的人道主义者的立场出发，坚信未来一个解放了的、彻底清除了强盗的干净的法国一定会把劫得的财物归还给它的主人。反映了他是站在人类的立场、正义的立场、中国的立场上来看待这件事的。

（11）请你说说结尾两句话有什么含义？

结尾作者再次指出英法联军自诩的远征中国的成就是彻头彻尾的无耻的偷窃，以辛辣的讥讽点明主旨，体现了作者明确的立场、鲜明的态度和对中国人民的深切同情。

（三）拓展延伸

观看微课3：被英法联军洗劫后的圆明园。

请大家思考中国当年被侵略、被掠夺的根本原因是什么？

（四）小结全文，激发学生的爱国情感

中心：这封书信饱含着深厚的人道主义精神，愤怒地谴责了侵略者的罪行，表达了对被侵略、被掠夺者的巨大同情，震撼读者心灵。

一代名园圆明园毁灭了，它毁于英法侵略者之手，也毁于清政府的腐败无能。它的毁灭，既是西方侵略者野蛮摧残人类文化的见证，又是文明古国落后就要挨打的证明，我们中华民族不想欺侮其他民族，但也绝不能允许别人欺侮我们，只有强盛的国家才有可能维护自己的尊严。这就需要我们大家好好学习，为我们祖国的强大贡献自己的力量。

（五）板书设计

就英法联军远征中国给巴特勒上尉的信

赞美圆明园——尊重、同情

正直的良知　　公正的立场

抗议侵略者——讽刺、谴责

【教学反思】

部编版九年级教材上册《就英法联军远征中国致巴特勒上尉的信》是一篇进行爱国主义教育、落实立德树人的好课文，学生通过学习文章可以培养民族自豪感。课堂上借助两节微课，向学生展现圆明园被毁前的美丽景观及被毁后的荒凉景象，通过电影镜头的强烈对比，让学生深刻理解外国强盗的卑劣行径，然后通过拓展延伸，帮助学生明白祖国落后就会被欺凌的道理，激发学生强烈的民族自尊心和爱国主义精神，达到信息技术支持下语文学科中落实立德树人的目标。

附录2　信息技术在听障语文教学中落实学科育人的案例及反思

信息技术助力听障语文学科育人功能
——《我的叔叔于勒》教学设计及反思

【教学理念】

1.《聋校义务教育语文课程标准（2016年版）》落实语文学科人的理念。

2.信息技术与听障语文学科深度融合的理念。

【教材分析】

《我的叔叔于勒》是人教版九年级教学内容，是法国作家莫泊桑的短篇小说代表作之一。小说通过描写菲利普夫妇对其亲兄弟于勒的前后态度变化，尖锐地指出了金钱左右着人与人之间的关系，即使是亲兄弟也概莫能外。小说通过塑造生动典型的人物形象，反映真实的社会生活，揭示人性的假恶丑，彰显人性的真善美。

【学情分析】

《我的叔叔于勒》是这个单元中唯一的一篇外国文学作品。由于文化背景不同，学生对外国小说尚存陌生。他们对学习小说大都有较浓厚的兴趣，而且通过对前面《故乡》的学习已具备了一定的阅读分析和感悟能力，对小说这种体裁已有了较充分的认识。对于本课的字、词、句的理解，大部分同学不会感觉到有难度，所以本课的学习旨在通过对故事情节和人物形象的分析理解主题，培养和提高学生的语文能力和素养。

【教学目标】

（一）知识与技能

1.学习并掌握小说的主题与作者的写作目的。

2.通过人物的情态、语言、动作来揭示人物心理及性格特征。

（二）过程与方法

整体感知人物的命运、态度、性格，理解小说的主题。

（三）情感态度与价值观

评说人物形象，体会人物的内心世界，在评价认识过程中提高道德水准。

【教学策略】

用学生已有的初步的小说赏读知识做铺垫，教学时以趣激疑，用学生本有的兴趣牵引，创设情境，引领学生披文入情感悟作品主题。基于教学目标的制定，结合《聋校义务教育语文课程标准（2016年版）》理念，以读后感悟、读后理解、读后体验、读后反思为教学设计思路，遵循"教师为主导，学生为主体"的教学理念，采用借助图片复述课文内容、小组探究新知等方式学习，增加学生的参与机会，增强学生的参与意识，并获得一定的学习方法，使学生成为学习的主人。

【教学准备】

1. 学生通过各种信息渠道收集法国作家莫泊桑的资料。

2. 认真阅读课文，扫清文字障碍，熟悉课文情节发展。

3. 多媒体课件辅助教学。

【教学过程】

第二课时

（一）回顾复习，确定本课目标

（1）回顾：上节课我们一起弄清楚了小说的线索，梳理了本文的情节。现在请看这几幅图片（PPT展示），请同学复述课文各情节的大致内容。

第一部分：1～4页，故事的开端，盼望于勒。（开端）

第二部分：5～19页，故事的发展，夸赞于勒。（发展）

第三部分：20～47页，故事的高潮，巧遇于勒。（高潮）

第四部分：48～49页，故事的结局，躲避于勒。（结局）

（2）各提炼一个字概括情节内容。

板书：［赶］于勒——［盼］于勒——［赞］于勒——［骂］于勒——［躲］于勒。

（3）本课的主要人物是谁？

（4）课件出示本节课教学目标：探究学习主要人物（菲利普夫妇）的性格

特点，深刻体会文章主题，认识社会现象。

（二）研读课文，分组探究人物

（出示课件上的四组讨论题，分发导学案，要求各小组开展探究学习）

讨论解决这四组问题，探究一下菲利普夫妇究竟是什么样的人。请同学们在讨论时做好圈点勾画和批注。

讨论题：

一组：发现老水手像于勒时，菲利普的表情、动作、语言如何？表现出他什么样的心理状态？反映了他怎样的性格特点？

二组：发现老水手像于勒时，克拉丽丝的语言如何？表现出她怎样的心理状态？反映了她怎样的性格特点？

三组：确认老水手是于勒后，菲利普的语言、表情如何？此时克拉丽丝的语言如何？反映了两人怎样的性格特点？

四组：搜集分角色朗读部分外的情节中，菲利普夫妇和于勒有关的行为、活动，分析反映了菲利普夫妇怎样的性格特点？

小组间互相交流学习体会。教师走到学生当中，适时点拨。讨论后，学生分组回答本组问题，通过一人回答或多人补充明确了菲利普夫妇的性格特点。

师：通过同学们刚才的分析，我们发现菲利普夫妇这样鲜明的人物形象是靠对他们的语言、动作、神态的描写和前后言行的对比来刻画的，这正是小说塑造人物形象的两种常用手法。哪位同学能够再帮老师一次，把菲利普夫妇的性格特点写到黑板上呢？

请两位学生板书：自私、贪婪、庸俗、虚荣、势利、冷酷。其余学生记笔记。

（三）品读，评说人物形象

这篇小说写得最精彩的地方在哪里？（骂于勒，高潮部分）

首先，我们来一起读一读几个精彩片段，请大家在我的提示下朗读课文片段。

① 在游船上，父亲被太太高贵的吃法打动了，于是请家人吃牡蛎，他故作高雅，摆架子爱慕虚荣。这里是小说的高潮，也是不幸的开始。母亲的一番话别有情趣。（读第23自然段）

② 当父亲朝那年老的水手走去时，突然发现那人很像于勒，神色不安，骤

而紧张，以致失魂落魄。（读第25自然段）

③ 在母亲的要求下，父亲再一次向船长走去，在极度的担忧与恐慌中终于证实那就是于勒。这一消息对于母亲如同晴天霹雳，母亲的怒火如同火山爆发，他们从虚幻的幸福巅峰一下子跌入了现实的悲苦深渊。（读第38自然段）

④ 也许是对叔叔不幸的一丝同情与怜悯，我给了于勒叔叔10个铜子的小费，但母亲仍不忘做最后一次精彩的表演，让其卑劣自私的灵魂再次曝光。（读第46自然段）

亮点探究：对人物的描写中，哪些词句最有表现力？抓住这些具有表现力的词句评说人物形象。

（1）品读示范：第25自然段，品析"不安""瞪着眼""赶紧""十分苍白""两只眼也跟寻常不一样""低声"等词语对表现人物的作用。

（2）学生读句品析，评说人物形象。

（3）教师小结：通过品析，我们看到了一个唯利是图、虚伪、自私冷酷的形象，他们以贫富为兄弟相认的原则，在他们眼中，情不如钱！（板书）

（四）讨论，归纳小说主题

（1）小说开头是菲利普夫妇如此盼望于勒的归来，结局却是他们千方百计躲开于勒，原因是什么？

学生讨论，教师点拨：直接原因是菲利普夫妇只认识金钱和于勒又沦落为穷人，其根本原因是那个金钱至上的社会制度。

（2）通过这个故事，作者揭示了什么主题？教师出示四种主题说法。学生分析讨论，说出自己的观点。

"金钱关系"说：小说通过对菲利普夫妇对待亲兄弟于勒前后截然不同的态度的描述，艺术地揭示了资本主义社会人与人之间是赤裸裸的金钱关系。

"同情"说：小说通过对资本主义社会下层人物——于勒被整个社会遗弃的悲惨命运的描述，寄予了作者对穷苦人民最深切的同情和怜悯。

"虚荣"说：小说通过对菲利普夫妇对待亲兄弟于勒前后截然不同的态度的描述，表现了他们爱慕虚荣的丑态。

"势利"说：小说通过对菲利普夫妇渴望见到已经发大财的于勒和在船上遇到贫困潦倒的于勒后极力躲避的心理的刻画，深刻揭示了菲利普夫妇嫌贫爱富的低级、庸俗的势利心态。

学生分组讨论发言，只要言之有理就给予肯定。

教师点拨：以上四种说法都有其片面性。我们可以概括为，小说通过对菲利普夫妇对待亲兄弟于勒前后截然不同的态度的描述，表现了在现实社会里金钱关系对人、对人性的扭曲和破坏，对"金钱至上"的思想进行了批判。

（五）拓展，联系生活迁移，实现学科育人目标

看了这个"嫌贫爱富"的故事以后，你有什么感受或启发呢？

学生自由发言。

教师点拨：

（1）不要把实现理想寄托在别人身上，应该自己去奋斗，去努力，去争取。

（2）在亲情和金钱的选择上，应该珍惜亲情，淡泊名利。

（3）对弱者应多付出爱心和同情心，树立正确的人生观。

【教学反思】

《我的叔叔于勒》是法国作家莫泊桑的著名短篇小说，在教师的指引下，学生通过对小说的阅读，在享受审美愉悦中，认识自己，提升自己，同时引发对社会价值观及人生观的思考。根据听障学生的学情需要，教学安排设计亮点纷呈。

（一）注重发展学生语言，借助课件提供图片让学生复述故事的情节，找出课文刻画的主要人物

在复习导入环节：教师提供了四幅插图，让学生根据插图提示复述《我的叔叔于勒》的故事情节，这既锻炼了学生听（看）说的能力，又为接下来的学习做好了知识铺垫。

（二）分小组探究学习，合作完成导学案，构建"学生为主体，教师为主导"的课堂结构

结合高年级学生的学习特点，分两组开展探究合作学习：给每组派发一张导学案，要求学生合作完成导学案，在文本中找出相应的文段并加以说明，各组派出一名代表上台发言，其间教师巡视指导，参与学生的讨论并适时点拨。充分体现"学生为主体，教师为主导"的教学理念。

（三）紧扣文本，让学生概括出人物的性格特点，充分体现语文学科的育人功能

概括主要人物的性格特点是本课的重难点，为了突破这一重难点，教师创

设情境让学生对人物的性格特点加以描述，并引导学生找出文本中相关的句子及词语，并以"通过哪些句子表现了谁怎样的性格特点"的句式回答，再结合文本对人物的性格特点加以分析，体会文章所表达的思想感情。

综上所述，教师能根据听障学生的年龄特点设计安排教学活动，分小组探究学习，合作完成导学案，构建"学生为主体，教师为主导"的课堂结构，注重学科育人功能，适当使用信息技术融入教学过程当中。

附录3　信息技术在听障语文教学中实现人文性教育的案例及反思

借助信息技术创设彰显人文性的听障语文课堂

——《卖火柴的小女孩》教学设计及反思

【教学理念】

1. 借助电子白板创设彰显人文性的听障语文课堂。

2. 利用电子白板教学与课件交错使用，突破教学重难点。

3. 注重朗读感悟和指导，突出语文本色教学。

【教材分析】

《卖火柴的小女孩》是人教部编版三年级语文上册的一篇课文，是丹麦作家安徒生的一篇著名童话，讲述了一个卖火柴的小女孩大年夜冻死在街头的故事。写实和写虚交替进行，美丽的幻象和残酷的现实更迭出现，是这篇童话的特点，也是这个凄美的故事最打动人心的地方。课文表达了作者对穷苦人民悲惨遭遇的同情和对当局黑暗社会的强烈不满。

【学情分析】

大部分三年级听障学生已具备一定的语言知识，本课第一、第二课时已对故事发生的历史背景、时间背景、环境渲染、小女孩的外貌描写做了讲解，为本课深入学习做了充分的铺垫。

【教学目标】

1. 知识与技能：正确、流利、有感情地朗读课文。

2. 过程与方法：理解课文内容，感受卖火柴的小女孩命运的悲惨。

3. 情感态度与价值观：体会作者对穷苦人民悲惨遭遇的同情和对当局黑暗社会强烈不满的思想感情。

【教学策略】

一是巧用电子白板及课件创设课文教学情境，渲染课堂教学气氛，使学生进入课文角色；二是抓住课文重点段进行教学，采用由扶到放的教学方式，紧扣重点词句抓住小女孩五次擦燃火柴所看到的幻象进行教学，课堂上采用质疑、讨论、合作探究等学习方式引导学生与文本进行对话、与老师进行对话，培养学生自主学习意识，落实新课标精神；三是在宽松的教学环境中指导学生朗读感悟，采用多种方式指导学生去读懂课文内容，体会作者的思想感情。

【教学准备】

1.电子白板运用环境。

2.制作教学多媒体课件。

【教学过程】

第三课时

（一）直奔主题

昨天我们学习了《卖火柴的小女孩》的第1～4自然段，看到了一个非常可怜的小女孩，她冷，她饿，她不快乐，她没人疼爱。〔板书：卖火柴（大年夜）〕

创设情境：

打开课件（一）配乐，教师激情描述第1～4自然段的内容。

师：大年夜，在雪花漫天飞舞的街头，一个小女孩赤着脚在街头卖火柴，可怜的小女孩由于一整天没卖掉一根火柴，不敢回家，就孤零零地坐在冰冷的墙角。此时，她又冷又饿，她敢从成把的火柴里抽出一根，在墙上擦燃来暖和暖和自己的小手吗？（学生：敢！）

师：对，在饥寒交迫的情况下，小女孩勇敢地擦燃了火柴来取暖，借着微弱的亮光，她进行了美好的幻想。〔板书：擦火柴（美好的幻想）〕下面请同学们快速浏览一下第5～11自然段，思考回答：小女孩一共几次擦燃火柴？

设计意图：在教师的引领下，在多媒体课件的渲染中，快速复习第1～4自然段内容，有效地帮助学生进入课文学习场景中来。

（二）分析课文

今天我们继续学习课文第5～12自然段，看看大年夜发生了什么事。

1.精讲、细读感悟第5自然段

（1）指名读，其他同学思考：第一次擦火柴，小女孩看到了什么？请大家

边听边想，生读完后，师指导评议：谁能说说他读得怎么样？

（2）指名回答：小女孩第一次擦燃火柴看到了什么？（大火炉）出示课件。

2. 讨论交流

（大火炉画面）利用电子白板的"聚光灯"罩在小女孩的脸部，要求听障学生观察小女孩的脸部表情，揣摩小女孩的心理活动，帮助学生体会卖火柴小女孩的悲惨生活。

师：讨论一下，她为什么会在火柴的亮光中看到大火炉？

学生讨论后汇报交流。

3. 指导朗读

师：咿！火柴燃起来了，饱受饥寒的小女孩看到暖和的火炉时，她的心情怎样？感觉怎样？（喜悦、舒服）师：用什么样的语气来读？（惊喜、兴奋）你能把描写火柴燃起来后小女孩喜悦、舒服的句子读一读吗？（指名读"咿！火柴燃起来了……多么舒服啊！"后评议读）

师：火柴熄灭后，小女孩的心情又怎样？（痛苦）用什么语气来读？（失望、悲伤）谁能用失望的语气读一读火柴熄灭后小女孩心情痛苦的句子？（指名读"唉……烧过了的火柴梗。"后评议读，齐读）

师生合作分角色朗读第5自然段。（师读火柴燃之前的句子，女生读火柴燃时的句子，男生读火柴熄灭后的句子）

（三）小结学法，指导学习

用课件（三）出示本自然段学法提示："边读边思考：小女孩擦燃火柴幻想到了什么？为什么会这样？请大家有感情地朗读课文。"

设计意图：阅读是学生个性化行为。这个自然段为精讲，主要以指导朗读为主，通过指名读、评议读、齐读以及师生合作朗读等多种方式去指导学生读懂课文内容，而这些朗读方式的转换也是精心设计的，体现了由个体向群体变化的过程，在反复的指导朗读中，学生会渐入情境，会从内心体会和品味小女孩擦燃火柴过程中的一喜一悲。学法环节的设计为学生梳理了学习思路，是为下一步的自学做准备。

（四）自主学习

指导学生用第5自然段的学习方法自学第6～11自然段。

过渡语：同学们，小女孩第二、第三、第四、第五次擦燃火柴分别看到了什么呢？请同学们用学习第5自然段的方法自学第6～11自然段。

（1）生自由读，师提示：喜欢怎么读就怎么读，边读边用笔将有关词句做上记号。

（2）检测自学情况。指名回答：小女孩第二次擦燃火柴看到了什么？出示课件（四）（烤鹅画面）。师追问：她为什么会在亮光中幻想到烤鹅？方法同上，出示课件（五）（圣诞树画面、奶奶的画面、奶奶抱着她飞走的画面）

（3）指导学生有感情地朗读第10自然段。

师：假如你们就是文中凄苦的小女孩，当那么温和、那么慈祥的奶奶出现在你眼前时，你是怎样情不自禁地叫起来的，又是怎样急切地祈求奶奶把你带走的呢？

打开课件（六）出示第8自然段语句："奶奶，……您就会不见的。"（自由读；指名读；全班分角色读：女生读小女孩，男生读旁白）

（4）讨论：她为什么接连不断地擦燃火柴？

（5）打开课件（七）出示重点句："她俩在光明和快乐中……地方去了。"理解感受重点句。师：读后你体会到了什么？

设计意图：教师通过电子白板配合多媒体课件让小女孩的幻想画面再现，帮助学生更好地理解课文，指导学生读懂课文，这几个自然段的教学在电子白板与多媒体课件的互相交错使用中进行，教师激发性语言对调动学生的情绪起到了促进作用，学生通过朗读去感受体会小女孩的情感，创设了一种人文性很浓的课堂气氛，体现了新课标的精神。

（五）指导读好第12、第13自然段

（1）师：一盒小小的火柴，在如今生活富裕的年代是多么的微不足道，可是，就是这样一盒小小的火柴，曾经给小女孩带来那么多快乐，那么多幸福！同学们，学到这里，你最想说的一句话是什么？板书：同情。

（2）师：请带着对小女孩的同情齐读第12、第13自然段。

（3）读了这两个自然段，你知道了什么？师板书：冻死街头（悲惨结局）。

（4）师：她死时的面部表情是怎样的？为什么会这样？用第11自然段中的一句话回答。打开课件（八）出示重点句"她曾经……幸福中走去"。

（5）指导学生理解两个"幸福"，从中体会作者的思想感情。板书：强烈不满。

【教学反思】

《卖火柴的小女孩》这篇课文是"世界童话之王"安徒生的杰作之一。它讲的是一个卖火柴的小女孩在大年夜冻死街头的故事。作者通过这个童话故事表达了他对穷苦人民悲惨遭遇的深切同情。课文的重点是讲这个小女孩在又冷又饿的情况下，为了使快要冻僵的身体暖和，擦燃了一根根火柴，并从火柴的亮光中看到了种种幻象。而这些幻象又恰恰与她饥寒交迫的现实生活形成了鲜明的对比。为了能够让这些在幸福中生长的孩子们领悟到作者这种基于现实合理想象的表达方法，我实施了如下教学方案。

（一）电子白板与多媒体课件整合运用突破教学重难点

听障学生思维的特点是以直观思维为主，并借助具体形象逐步向抽象逻辑思维过渡。多媒体适合跨越时空事物的再现，在教学中能把难以理解的抽象概念变成具体形象的事物，通过再现各种事物的情境和过程，帮助听障学生在头脑中形成抽象的概念，充分感知教材和深入理解教材。本节课通过电子白板与多媒体的整合运用，帮助学生理解了小女孩的悲惨境遇。在用课件播放小女孩几次擦亮火柴的情景时，利用"聚光灯"罩在小女孩的脸部，让学生观察小女孩的脸部表情，揣摩小女孩的心理活动，帮助听障学生体会卖火柴的小女孩的悲惨生活。借此契机，让学生思考：造成小女孩悲惨境遇的根源是什么？课件与交互电子白板的有机整合，使得学生的思维被充分地调动起来，也使本课的教学重难点得到了较好的落实。

（二）挖掘课文中的情感元素，指导学生有感情地朗读，创设彰显人文性的听障语文课堂

语文课程的两大特性是工具性与人文性。语文的人文性，即语文课程本身所蕴含的文化价值和思想情感内涵。教师基于教材内容为学生创设人文性的语文课堂，不仅可以让他们收获更多的文化知识，还可以培养他们的思想情感、人文精神。"读"是语文课的基础。要使学生深入体会课文表达的思想感情，必须注重有感情地朗读课文，通过朗读，感悟小女孩生活的悲惨和作者对她寄予的同情。"卖火柴"这部分，教师激情朗读，渲染氛围带领学生步入教学情境，重点体会小女孩现实生活的悲惨和痛苦。"擦火柴"这部分，通过指导学生朗读，帮助听障学生体会卖火柴小女孩的悲惨生活，激发学生对小女孩的同情之心，体会作者对当时社会的强烈不满之情，引导学生要好好珍惜现在的幸

福生活，达到语文学科育人的目的。

附录4　信息技术与听障小说教学深度融合的案例及反思

多技术融合自适应学习，让特教课堂绽放名著之花
——《林黛玉进贾府》教学案例及反思

【案例概述】

本案例是肇庆市"十四五"教育规划课题《5G+智慧教育背景下聋校语文教学中微课的应用研究》的课例教学实践。《林黛玉进贾府》选自人教版高中语文必修3第一单元，文章篇幅长，人物多。听障高二学生的思维还是以直观形象为主，感知活动缺少声音刺激和言语参与，第一与第二信号系统脱节，大部分学生对《红楼梦》的认识是空白的，对长篇文本有畏难情绪。本案例是根据课标指引及听障学生的认知特点，基于数字化学习环境下云（肇庆市特殊教育服务平台）、网（5G+互联网）、端（iPad）融合智能交互技术，以导学案、任务单的分组探究学习为导向，借助教育大数据精准辅导的面向听障高中生的"多技术融合支持下的异步云网端"自适应教学模式的实践探索。

【教学理念】

1.《普通高中语文课程标准（2017年版2020年修订）》课程标准第八点提道：鉴赏文学作品。感受和体验文学作品的语言、形象和情感之美，能欣赏、鉴别和评价不同时代、不同风格的作品，具有正确的价值观、高尚的审美情趣和审美品位。

2.运用程红兵教授提出的"教学目标要精准、集中、具体"这一教学理念。

3.多种信息技术与语文学科融合创新的教学理念。

【教材分析】

《林黛玉进贾府》是人教版高中语文必修3第一单元第一篇文章，这个单元的主题是小说。课文《林黛玉进贾府》节选自《红楼梦》第三回。作者曹雪芹以林黛玉进贾府的行踪为线索，借林黛玉的眼睛对贾府做了一次直接的描写，交代了贾府的典型环境，塑造了林黛玉、贾宝玉、王熙凤等经典人物形象。

【学情分析】

本案例的授课对象是高二的听障学生，听障学生的语言积累及语言感悟能

力比普通学生弱。《林黛玉进贾府》是普通高中小说阅读教学中的重要篇章，篇幅长，人物多，大多数听障学生觉得很难读懂课文。

【教学目标】

1. 知识与技能：了解《红楼梦》梗概、作者、主要人物及人物之间的关系等；掌握主要人物（林黛玉、贾宝玉、王熙凤）形象及其性格特点，通过肖像、语言及动作描写体会人物性格特点；理解《林黛玉进贾府》故事情节；欣赏贾府的典型环境。

2. 过程与方法：利用微课课前导学、课中讲解及小组探究，采用"分板块、小步走、小开口、深挖掘"的教学模式。例如，让学生根据微课导学仔细品读课文，仔细咀嚼、品味、揣摩语言，欣赏小说语言的言外之意，欣赏含蓄之美，品读揭示人物性格的语言，得到一种感性认识；借助微课把文本按小说教学三要素（人物、情节、环境）进行专题学习，其中人物鉴赏部分分三个小板块（林黛玉、贾宝玉、王熙凤）开展教学，其中王熙凤部分又分为两个学时进行教学；为提高学生自主探究能力，四人一小组，每个小组共用一台平板，借助微课完成学习任务单，教师借助101教育PPT把学生完成任务的情况投屏，集体检阅，当堂评讲，及时反馈；根据听障学生动手能力强这一特点，让学生画一画（主要人物关系思维导图、林黛玉进贾府路线图）、演一演（演林黛玉、贾宝玉、王熙凤）、写一写（写出自己眼中的林黛玉、贾宝玉、王熙凤），充分发挥学生的主体作用。

3. 情感态度与价值观：激发学生阅读经典小说《红楼梦》的兴趣；从小说人物分析中学会辨别真伪，追求真善美；认识我国封建社会的现实生活百态。

【评价目标】

《林黛玉进贾府》的评价目标如图6-5-2所示。

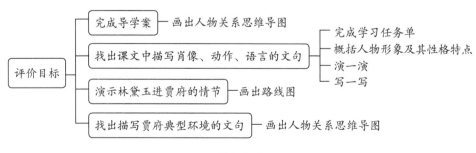

图6-5-2

【教学策略】

为了达到以上教学评的目标，结合学情以及听障学生"以目代耳"的认知特点，合理使用多技术融合辅助教学，把文字符号变得直观化和可交互化，引导学生借助视觉器官充分观察思考突破学习障碍。把以数字化学习环境与资源为核心的信息技术与听障语文课程相整合，促进学生利用数字工具认知、合作、探究和重构知识，提高课堂教学效率，实现自适应学习。

教学流程详细描述如下：

（1）针对大部分学生对《红楼梦》认识空白这一实情，提供国家中小学智慧教育平台和肇庆特殊教育服务平台上的《红楼梦》导学材料让学生自主学习。

（2）通过微课《你了解〈红楼梦〉吗？》检查预习效果：让学生说出《红楼梦》梗概、作者、主要人物及其关系等，画出人物关系思维导图。

（3）其余五节讲解文本内容，然后采用"分板块、小步走、小开口、深挖掘"的教学模式，按小说教学三要素分三大板块进行专题学习，其中人物鉴赏部分分王熙凤、林黛玉、贾宝玉三个板块开展教学，其中王熙凤板块又分两个学时教学；上课期间通过平台推送导学案、任务单和智能批改统计等全流程智能化辅助提高课堂效率；使用智慧平台等采集伴随性数据，进行K-means聚类分析与行为画像，实现自适应学习辅导；同时在课堂上分别开展异质分组探究及"画一画""演一演""写一写"等教学活动，丰富学生情感体验，训练学生的写作能力，充分发挥学生的主体作用。最后通过文档、图表、视频和数据等形式记录学生表现力，提高学生小说的鉴赏能力，激发阅读兴趣，实现学科育人功能。

《林黛玉进贾府》是普通高中小说阅读教学中的重要篇章，篇幅长，人物多，听障学生对文本有严重畏难情绪，《林黛玉进贾府》教学流程如图6-5-3所示。

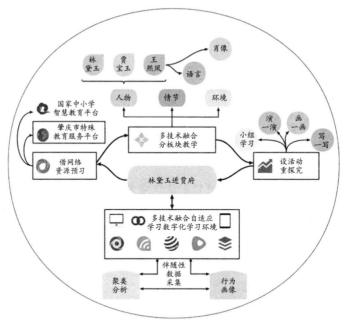

图6-5-3

【创新与亮点】

（一）课标指引，以生为本，立足学情，活用教材，实现信息技术与听障语文教学深度融合

根据课标核心素养培养指引和听障学生的认知特点及学情，选择数字化学习环境的情境式微课及平板辅助教学，弥补手语表达的不足，合理组织安排"借网络资源预习、用微课分板块教、设活动探究体验"等教学环节，构建"以学生为中心"的课堂教学结构，实现既能发挥教师主导作用又能充分体现学生主体地位的以"自主、探究、合作"为特征的教与学方式，面向听障高中生内容科学、实用性高、冗余度低，实现CAI—CAL—IITC的初步转变。

（二）多技术融合的自适应学习，数据分析助力精准辅导

基于数字化学习环境，根据听障学生形象思维优于抽象思维的特点，课中使用智慧平台推送任务单等进行小组探究学习，采集伴随性数据建立行为画像，实现精准辅导。学习过程采用云（肇庆市特殊教育服务平台）、网（5G+互联网）、端（iPad）融合智能交互技术，实现听障学生自适应学习。

（1）根据听障学生"以目代耳"的学习特点选择微课教学。微课强调"先

学后教，以学定教"的教学理念，具有明确具体的教学目标，特别强调对某个知识点的教学。最重要的一点是，微课主要以视频文字等为载体，非常符合听障学生"以目代耳"的学习特点。

（2）课前借助微课导学了解《红楼梦》梗概、作者、主要人物及人物之间的关系。设计课前导学微课，旨在通过课前导学激发学生阅读兴趣，让学生借助微课自主学习，了解《红楼梦》梗概、作者简介、主要人物及其关系等。

（3）课中利用微课及平板电脑进行小组探究学习，实现精准讲评。采用"分板块、小步走、小开口、深挖掘"的教学模式，借助微课把文本按小说教学三要素进行专题学习。人物鉴赏部分分三个小板块开展教学，其中王熙凤部分又分为两个学时进行教学。为提高学生自主探究能力，体现以学生的学为中心，三人一小组，每个小组共用一部平板，借助微课完成学习任务单，教师把学生完成任务的情况及时投屏，集体检阅，当堂评讲。

（4）借助经典电影片段，帮助学生理解文章内容。七个课时共选取以下四个经典电影片段《林黛玉进贾府》《黛玉葬花》《宝玉摔玉》《凤辣子初见林黛玉》穿插在微课当中进行辅助教学，学生觉得非常有趣。

【教学准备】

七节课都在学校录播教室进行教学，录播室具备录课功能，配备一体机，每个学生小组一部平板作为学习工具，可以为教学提供强有力的支撑。

教师上网收集上课需要的教学资源，设计好导学案，制作好微课，发送学习任务单，收集学生作业单投屏评讲。

【教学过程】

第一课时：你了解《红楼梦》吗?

（一）问题导入

（1）同学们能说出中国的四大名著吗?

板书：中国四大名著:《水浒传》《三国演义》《西游记》《红楼梦》。

（二）利用微课进行导学

观看微课《你了解〈红楼梦〉吗?》，利用微课进行导学。

（1）《红楼梦》的作者——曹雪芹。

（2）《红楼梦》故事梗概。

（3）《红楼梦》主要写了哪四大家族的兴衰史?（贾、王、史、薛）

（4）《红楼梦》的主要人物。（贾宝玉、林黛玉、薛宝钗、王熙凤）

（5）《红楼梦》主要人物之间的关系。（以思维导图呈现）

（三）学生借助微课完成以下检测练习

（1）填空：中国的四大名著分别是（　　　　）、（　　　　）、
（　　　　）、（　　　　）。《红楼梦》以（　　　　）、（　　　　）、
（　　　　）、（　　　　）四大家族的兴衰史为主线。《红楼梦》的作者
是（　　　　）。《红楼梦》的主要人物有：（　　　　）、（　　　　）、
（　　　　）、（　　　　）等。林黛玉是贾宝玉的（　　　　），贾母是林
黛玉的（　　　　），王夫人和邢夫人是林黛玉的（　　　　）。

（2）画出《红楼梦》主要人物之间关系的思维导图。

（四）小结

通过学习，你对《红楼梦》是不是有了一个初步的了解与认识呢？

（五）布置作业

仔细阅读课文《林黛玉进贾府》。

（六）板书设计

你了解《红楼梦》吗？

作者——曹雪芹

故事梗概

主要人物：贾宝玉、林黛玉、薛宝钗、王熙凤

主要人物之间的关系（略）

第二课时：林黛玉形象赏析

（一）问题导入

大家看过《红楼梦》的电视剧吗？说说你对林黛玉的认识。

（二）介绍林黛玉的出身

林黛玉是林如海与贾敏的女儿，其母去世，又无亲生兄弟姊妹做伴，外祖
母怜其孤独，接来荣国府扶养。林黛玉出身于钟鼎世家，书香之族。

（三）感知林黛玉的性格特点

播放经典电影片段《黛玉葬花》，初步感知林黛玉的性格特点。

设计意图：简单介绍林黛玉出身之后，借助经典电影片段《黛玉葬花》，

先给学生展示鲜活的人物形象。

让学生在课文中找出描写林黛玉的文句，集体朗读，通过文句分析林黛玉的性格特点。

（1）（众人眼中）黛玉年貌虽小，其举止言谈不俗，身体面庞虽怯弱不胜，却有一段自然的风流态度，便知她有不足之症。（弱不禁风，但很有气质）

（2）（宝玉眼中）两弯似蹙非蹙罥烟眉，一双似喜非喜含情目。态生两靥之愁，娇袭一身之病。泪光点点，娇喘微微。闲静时如姣花照水，行动处似弱柳扶风。心较比干多一窍，病如西子胜三分。（多愁善感，多情，心思缜密）

（3）进贾府后始终是"步步留心，时时在意，不肯轻易多说一句话，多行一步路，惟恐被人耻笑了去"。（细心、多虑、自尊）

设计意图：紧扣文本，通过一个人的外貌、语言动作揣摩人物的性格特点。

小练笔：谈谈你眼中的林黛玉。

（四）板书设计

林黛玉形象赏析

出身

弱不禁风

多愁善感

细心、多虑、自尊、多情

第三课时：贾宝玉形象赏析

（一）问题导入

大家看过《红楼梦》的电视剧吗？你觉得贾宝玉是个怎样的人？

（二）介绍贾宝玉的出身

贾宝玉，中国古典名著《红楼梦》中的男主角，荣国府贾政与王夫人所生的次子，贾府通称宝二爷，因衔玉而诞，系贾府玉字辈嫡孙，故名贾宝玉。自幼深受祖母贾母疼爱，住贾母院长大。

（三）初步感知贾宝玉性格特点

观看经典电影片段《宝玉摔玉》，初步感知贾宝玉的性格特点。

设计意图：借助经典电影片段，先给学生展示鲜活的人物形象。

1. 让学生在课文中找出描写贾宝玉肖像、动作、语言等文句

指导朗读，结合图片帮助学生理解句子，抓住重点词句来分析贾宝玉这一人物形象。

（1）（出场时）头上戴着束发嵌宝紫金冠，齐眉勒着二龙抢珠金抹额；穿一件二色金百蝶穿花大红箭袖，束着五彩丝攒花结长穗宫绦，外罩石青起花八团倭缎排穗褂；登着青缎粉底小朝靴。面若中秋之月，色如春晓之花，鬓若刀裁，眉如墨画，面如桃瓣，目若秋波。虽怒时而若笑，即瞋视而有情。项上金螭璎珞，又有一根五色丝绦，系着一块美玉。

（2）（换装后）头上周围一转的短发，都结成小辫，红丝结束，共攒至顶中胎发，总编一根大辫，黑亮如漆，从顶至梢，一串四颗大珠，用金八宝坠角；身上穿着银红撒花半旧大袄，仍旧带着项圈、宝玉、寄名锁、护身符等物；下面半露松花撒花绫裤腿，锦边弹墨袜，厚底大红鞋。越显得面如敷粉，唇若施脂；转盼多情，语言常笑。天然一段风骚，全在眉梢；平生万种情思，悉堆眼角。看其外貌最是极好，却难知其底细。

2. 根据文句分析贾宝玉的性格特点

众人眼里，贾宝玉是个不上进的纨绔公子；黛玉眼中，贾宝玉是一个眉清目秀、英俊多情的年轻公子。

设计意图：结合学生的学情来实施教学，减少教学内容，降低学习坡度，争取把一个小知识点分析透彻，收效比走过场完成任务要好。

（四）板书设计

贾宝玉形象赏析

出身

纨绔公子

眉清目秀

英俊多情

第四课时：王熙凤肖像描写赏析

（一）视频导入新课

王熙凤是《红楼梦》中一个非常有名的人物，课文里写得非常精彩，现在我们先看视频《凤辣子初见林黛玉》。

（二）借助微课新授

1. 出示本节课教学目标

通过学习课文中描写王熙凤肖像的文句，体会王熙凤的性格特点。

2. 学习以下文句

这个人打扮与众姑娘不同，彩绣辉煌，恍若神妃仙子：头上戴着金丝八宝攒珠髻，绾着朝阳五凤挂珠钗；项上带着赤金盘螭璎珞圈；裙边系着豆绿宫绦，双衡比目玫瑰佩；身上穿着缕金百蝶穿花大红洋缎窄裉袄，外罩五彩刻丝石青银鼠褂；下着翡翠撒花洋绉裙。

（1）正确朗读。

（2）逐句配图出示。

（3）找出描写顺序（从上到下，从里到外）。

（4）描写方法（先概括后具体）。

（5）描写了哪些东西？（动画抹去形容词）。

（6）通过品读以上句子，你看到一个打扮得怎样的女人？

根据学生回答板书：雍容华贵。

通过她的打扮，你可以看出王熙凤有哪些特点？（个性张扬）

设计意图：品读文句，图文结合理解文句，找出描写顺序及方法，先理解，后总结概括，这过程体现由文句到方法，再到品味人物性格特点。

（三）分组自主探究学习

参照以上学习方法，借助微课和导学案，分三组自主探究学习以下文句。

一双丹凤三角眼，两弯柳叶吊梢眉，身量苗条，体格风骚，粉面含春威不露，丹唇未启笑先闻。

（1）朗读句子（变换句子排列，帮学生理解对偶的修辞手法）。

一双丹凤三角眼，两弯柳叶吊梢眉，

身量苗条，体格风骚，

粉面含春威不露，丹唇未启笑先闻。

（2）观看微课，分组探究完成导学案的练习。

（3）根据学生的练习评讲，教师借助101教育PPT把学生完成任务的情况投屏集体检阅。

设计意图：每个小组一部平板，分小组进行探究性学习，实现当堂评讲，及时反馈。注意学生自主探究内容不能太深奥，要在学生跳一跳够得着的范围之内。

（四）拓展活动

通过学习你觉得王熙凤是个怎样的人，你喜欢她吗？王熙凤是《红楼梦》里面一个非常精彩的人物，你还想继续了解她的话，可以看电视剧或者读名著。

设计意图：激发学生阅读《红楼梦》的兴趣。

（五）板书设计

王熙凤肖像描写赏析

雍容华贵

个性张扬

漂亮

暗藏威严

第五课时：王熙凤语言动作描写赏析

（一）复习导入

同学们，上节课我们学习分析了描写王熙凤肖像的文句，接下来继续学习课文中描写王熙凤语言、动作的文句，看看王熙凤还有哪些性格特点。

设计意图：复习上节课内容，引出本节课的教学目标。

（二）观察王熙凤的动作

观看视频《凤辣子初见林黛玉》，请大家留意观察王熙凤的语言动作。

设计意图：通过观看视频《凤辣子初见林黛玉》，学生整体感知认识王熙凤这一人物。

（三）微课新授

1.通过视频认识王熙凤

提问：在刚才的视频里，王熙凤出场时，人们是先听到她的笑声还是先听到说话声的。她说什么？"我来迟了，不曾迎接远客！"（王熙凤的出场真是：未见其人，先闻其声）

2.感受王熙凤性格特点

王熙凤见到林黛玉又是怎样做的，怎样说的？我们一起来读这一段句子。

熙凤携着黛玉的手，上下细细打谅了一回，仍送至贾母身边坐下，因笑道："天下真有这样标致的人物，我今儿才算见了！况且这通身的气派，竟不像老祖宗的外孙女儿，竟是个嫡亲的孙女，怨不得老祖宗天天口头心头一时不忘。"

（1）找出描写王熙凤的动词：携、打谅、笑。

（2）谁来说说"标致"是什么意思？这句话是说谁标致？"嫡亲"又是什么意思？这几句话谁听来最高兴？王熙凤说这些话的目的是什么？从这里我们可以看出王熙凤的什么性格特点？

3. 细品王熙凤动作神态

"只可怜我这妹妹这样命苦，怎么姑妈偏就去世了！"说着，便用帕拭泪。贾母笑道："我才好了，你倒来招我。你妹妹远路才来，身子又弱，也才劝住了，快再休提前话。"这熙凤听了，忙转悲为喜道："正是呢！我一见了妹妹，一心都在他身上了，又是喜欢，又是伤心，竟忘记了老祖宗。该打，该打！"

① 找出描写王熙凤动作神态的句子。（用帕拭泪、转悲为喜）

② 从王熙凤刚刚还是"用帕拭泪"到马上的"转悲为喜"，从她的动作神态中，你感受到什么？

③ 她说的话里，有多少真话？有多少假话？真作假时假亦真，假作真时真亦假。这真是一个怎样的王熙凤？

设计意图：学生通过朗读加深对课文的理解，通过找关键动词体会王熙凤的性格特点。

4. 再次感受王熙凤性格特点

又忙携黛玉之手，问："妹妹几岁了？可也上过学？现吃什么药？在这里不要想家，想要什么吃的、什么玩的，只管告诉我；丫头老婆们不好了，也只管告诉我。"

（1）找出描写王熙凤的动词：携。

（2）读完这段话后，你觉得王熙凤热情周到的背后是真心，还是假意呢？她的目的是什么？

（3）王熙凤的性格特点有哪些？

设计意图：借助微课分段学习描写王熙凤语言动作的文段，抓住重点词语，帮助学生理解句子意思，引导学生透过语言动作体会人物的性格特点。

（四）朗读并感受王熙凤性格特点

学生通过朗读感悟王熙凤的性格特点。

（五）演一演

点名让学生扮演王熙凤，像王熙凤一样说话，引导学生体会王熙凤"话中有话"，进一步揣摩王熙凤的性格特点。

设计意图：学生通过演一演的方式深入感悟王熙凤的性格特点。

总结：这节课我们主要学习描写王熙凤的语言、动作的文句，体会总结出她能说会道、八面玲珑、见风使舵、处事圆滑的性格特点。再结合上节课的学习内容，你可以概括总结出王熙凤是个怎么样的人吗？

设计意图：教师教会学生总结、归纳、总结、概括的学习方法，结合具体内容注重学习方法的渗透。

（六）板书设计

王熙凤语言动作描写赏析

携、打谅、笑

用帕拭泪、转悲为喜

能说会道、八面玲珑

见风使舵、处事圆滑

第六课时：林黛玉进贾府故事情节梳理

（一）问题导入，引出本节课学习内容

小说三要素是什么？（人物、情节、环境）那么《林黛玉进贾府》一文中描写的故事情情有哪些呢？

设计意图：开始就明确本节课的学习目标。

（二）找出线索

观看小视频《林黛玉进贾府》。课文是以什么为线索展开的？

（三）找处林黛玉行踪

快速阅读课文，画出交代林黛玉行踪的句子。

设计意图：紧扣文本进行教学，课文以林黛玉进贾府的行踪为线索展开。

（四）林黛玉行踪线索概括

《林黛玉进贾府》一文的情节以林黛玉的行踪为线索，可概括为如下：

课文以林黛玉进贾府的行踪为线索展开，大体可分为三部分：第一部分——故事的开端，林黛玉来到了荣国府。第二部分——故事情节的发展，通过林黛玉初进贾府的所见所闻，介绍贾府的环境和府中的众多人物。先写了林黛玉拜见贾母与王夫人、邢夫人等，再写林黛玉见王熙凤，然后写林黛玉见贾赦、贾政，最后写林黛玉初次见到贾宝玉。第三部分——故事的结尾，为林黛玉安排住处。

设计意图： 在学生阅读课文的基础上帮助学生划分情节。

（五）画出《林黛玉进贾府》的线路图

借助网络资源提供一个贾府的平面布局图给学生作为参考。把学生分成两组，分别在平面图上画出《林黛玉进贾府》的线路图，由此理出课文故事情节。

设计意图： 借助网络资源，为学生提供贾府的平面布局图，以帮助学生掌握林黛玉进贾府的行踪路线，有助于梳理故事情节。

（六）板书设计

林黛玉进贾府故事情节梳理：

第七课时：贾府的典型环境

（一）复习导入

大家已经知道了小说三要素是人物、情节、环境，那么，《林黛玉进贾府》一文中是如何描写贾府典型环境的呢？今天我们就跟随林黛玉去参观一遍贾府吧！

（二）初步感受贾府的环境特点

利用多媒体课件演示林黛玉所走过的四条路线，初步感受贾府的环境特点。

（三）找出贾府景观

仔细阅读课文，在课文中找出描写贾府外观、布局、陈设、器物的文句。

（四）根据文句结合视频分析贾府的典型环境

设计以下问题让学生讨论，教师提示、总结。

1. 贾府地处街市繁华之处，黛玉来到门前看到了什么？

林黛玉第一眼看到宁、荣二府相隔不远，都是三间兽头大门，两边蹲着两个大石狮子，门上悬有"敕造"的匾额，门前有"华冠丽服"的使役。这不仅表现了贾府建筑的宏伟气派，也显示出贵族之家的威严和显赫。

2. 黛玉来到贾母处看到了什么？

黛玉进入贾府贾母处，走"一射之地"，转至垂花门，过游廊，绕插屏，再经过三间厅，后面方是贾母居住的正房大院。仆役、婆子、丫鬟轮番更换，的确给人以侯门深似海的感觉。

3. 黛玉去拜见二舅舅时在"荣禧堂"看到了什么？

屋里摆设的贵重物品，各种等级的奴仆，非同凡响的画匾、名贵乌木联排对联，"荣禧堂"堂上客的身份……处处显示出贾府的确与别家不同。

4. 黛玉看到的贾府有什么特点？

贾府那宏伟气派的外观、讲究的布局、华贵的陈设，那皇帝御书的金匾、乌木对联、等级分明、仆从如云，吃穿用度奢豪，果然与别家不同，正是"钟鸣鼎食之家，诗礼簪缨之族"。

设计意图：根据林黛玉的行踪路线围绕贾府的环境描写设计问题，让学生根据问题思考讨论，教师点拨，概括贾府的环境特点。

（五）练习填空

贾府的"与别家不同"的首先是（　　　　　　），其次是屋里摆设的（　　　　　　），课文重点描写"（　　　　　　）"，黛玉看到的贾府真是（　　　　）、（　　　　）、（　　　　）、（　　　　）。

（六）板书设计

贾府的典型环境

外观：兽头大门、大石狮子、匾额

布局：垂花门、游廊、插屏、大院

陈设：画匾、名贵乌木联排对联

器物：大紫檀雕璃案、青龙古铜鼎

【评价设计】

1. 学生自主评价。（通过课堂回答，实现过程性自主评价）

2. 学生互评。（通过小组讨论，学生之间互相肯定或补充）

3. 智能评价。（通过平板观看视频微课、答题，后台大数据即时反馈完成情况，学生知道自己的学习效果）

4. 教师评价。（针对学生课堂上的表现给予表扬或肯定及建议）

【教学反思】

（一）优势：生本理念推动教学创新，信息技术赋能特教课堂

本案例变革传统课堂结构，创建"主导—主体相结合"的教学结构。通过将信息技术与学科教学有效融合来营造一种信息化教学环境：预习导学阶段，教师推送导学资源让学生自主预习；授课阶段，利用微课检查预习效果，展开导学、学生自学、教师讲解、学生操作、练习、表演、小组探究、师生总结，教学活动贯彻落实"学生为本"的教育理念。教师提供的教学资源可以多次循环反复学习，有助于培养学生自适应学习能力。

（二）有待改进之处：AI自然语言处理技术促进学困生精准帮扶

少部分言语运动觉及信息素养较弱的学困生的课前预习需要指导。可利用AI对多模态学习行为数据进行清洗和自然语言处理技术等减少空间视觉干扰，帮助教师准确把握学困生的非认知特征，降低学生游离行为，更好地满足学生情感和认知需求。

【推广办法】

本教学案例作为肇庆市"十四五"课题《5G+智慧教育背景下听障语文教学中微课的应用研究》阶段性研究成果，课题组进行大力推广，具体办法如下：

（1）借助信息化平台上传发布，让特教同人共享资源。本案例可发布分享在肇庆市米秀兰名师工作室微信公众号、网络空间和肇庆市特殊教育服务平台上，通过区域教研的方式进一步汇聚同人的智慧，不断改进教学方法，传播教学案例的同时共同检验教学效果。

（2）通过肇庆市米秀兰、莫金英名教师工作室联合研修，以及举办专题讲座、课例分享等多种形式推广微课在特殊教育教学中的应用，各县市（区）同人反响热烈。

2022年6月21日，肇庆市米秀兰名教师工作室主持人米秀兰老师做《借助信息技术优化特殊学校生活化文教学》的专题讲座并获得证书，如图6-5-4所示。

图6-5-4

2022年9月25日，肇庆市米秀兰名教师工作室主持人米秀兰老师为云浮市特殊教育学校教师培训班做专题讲座并获得证书，如图6-5-5所示。

图6-5-5

【经验总结】

（一）课标指引，融合创新活用教材

根据课标提出的关于学生核心素养培养的指引，以及听障学生的学习特点及学情，选择微课及平板辅助教学，合理组织安排教学内容，精心设计教学活动，体现用教材而不是教教材的教育思想，努力追求特殊教育高效课堂。

（二）课题引领，提升教师科研素养

本案例是我负责的肇庆市"十四五"课题《5G+智慧教育背景下听障语文教学中微课的应用研究》带头开展的课例教学实践中的教学案例，教学效果达到了预期，旨在引领各组员积极开展此课题研究。我在肇庆市特殊教育名师工作室联合研修活动中选择《〈林黛玉进贾府〉——王熙凤肖像描写赏析》一课为学员开一节示范课。

（三）撰写论文发表，提炼案例成果以扩大宣传影响

以本案例的设计、实施、反思总结为基础，完成论文《微课在听障高中小说阅读教学中的实践应用探索——以〈林黛玉进贾府〉》的撰写，并发表在国家级刊物《电脑校园》2022年第4期。

【专家点评】

根据新课标核心素养的培养指引、听障学生的认知特点及学情需要，整个教学过程体现出"以学生为中心，教师为主导""主导—主体相结合"的教学理念，充分发挥信息技术在听障教育的优势以弥补手语表达的不足；为学生提供数字化学习环境、灵活用教材、合理安排教学内容、创设教学活动，把信息技术与听障语文教学深度融合，探索面向听障高中生的"多技术融合支持下的异步云网端"自适应教学模式，具有一定的创新意义。

——肇庆市教师发展中心　电化教学高级教师　沈小锋

该教学案例能够根据听障学生认知特点及高中语文学科教学特点建构数字化学习环境，实现了信息技术与听障语文教学深度融合，较好地提高了学生学习兴趣和学习效果，形成了较为成熟的适合学生学习的教学模式。另外，案例体现了教师具有良好的信息技术素养和运用多种技术的能力，且通过信息技术的融合影响和改变学生的学习方式，为学生面对未来学习奠定了良好的基础。

——肇庆启聪学校　特殊教育高级教师　许文锋

附录5　信息技术与听障诗词教学深度融合的案例及反思

借助微课提升听障学生现代诗诵读能力
——《祖国啊，我亲爱的祖国》的教学案例及反思

【教学理念】

新课标明确强调要加强对学生的现代诗歌教学，强调引导学生在诵读中感受体验作品魅力。诗歌教学新课标明确要求：学习朗诵技巧。朗诵时注意重音、停连、节奏等，把握诗歌的感情基调，读出感情，读出韵律。现代诗因其内容的集中性、语言的精练性和情感的含蓄性，对于本身就欠缺体裁敏感和语言感受能力的听障学生来说，学习困难很大。现代诗的语言特点决定了其是适合诵读教学的题材，因为现代诗歌语言和思想解读的独特性决定了教学过程中

不宜作过多的分析，而采用诵读，就可以避免这种失误。教学中让学生反复诵读，产生自己的阅读感知，形成自己的诵读体会，学生在诵读中逐步去了解诗歌主题。而诵读是一种操作性很强的行为，对听障学生而言，空洞的理论指导是毫无裨益的，唯具体操作方能导入正轨。笔者以《祖国啊，我亲爱的祖国》为例，谈谈如何借助微课对学生进行具体的诵读技巧指导，切实提升听障学生诵读能力，引导他们掌握诵读方法，形成他们自身的独特诵读体验，提高现代诗的教学效果。

【教材分析】

《祖国啊，我亲爱的祖国》是一首朦胧诗，也是一首深情的爱国诗歌。诗人舒婷将个体的我熔铸在祖国的大形象中，表达了强烈的爱国之情和历史责任感。全诗共四节，共有四个意象群，涌动着摆脱贫困、挣脱束缚、走向新生的激情。这首诗先抑后扬，呈现出一种由舒缓到急促、由低沉到高亢的语言节奏，读来使人荡气回肠，是朗读训练的极好范本。

【学情分析】

听障学生诵读诗歌有一定难度。教师在教读本文时要注意指导诵读技巧，要求学生读出语气，而且要揣摩诗句意思，体会诗的内在旋律；要充分激发学生的思维，使其领会诗人移注到形象上的主观情感。

【教学目标】

1. 掌握诗歌朗诵的基本技巧。

2. 理解诗歌表达的思想感情，确定诗歌朗诵感情基调。

3. 培养有感情朗读的能力，通过朗读品味诗歌的韵律美和意境美。

【教学重难点】

掌握朗诵技巧，有感情地诵读，在朗读中品味诗歌的韵律美和意境美。

【教学策略】

诗歌三分靠解读，七分靠吟诵，诵读是诗歌教学最有效的教学方式。"诵读教学"就是以诵读为主要教学方式的语文教学过程，它在本质上属于一种语文阅读教学方式。诗歌教学中过多分析讲解会导致诗歌中的意象被解析得支离破碎，缺乏整体的美感和感染力。本节微课尝试通过教师科学的诵读指导和学生的诵读体验来引导学生更好地融入诗歌文本，感受诗意，感悟诗歌的内涵与情感。

【教学准备】

录制微课《祖国啊,我亲爱的祖国》诵读指导。

【教学过程】

(一)情境导入

爱国是一个亘古不变的主题,今天我们通过朗诵舒婷的《祖国啊,我亲爱的祖国》,学习掌握朗诵技巧,赏析这首诗的韵律美和意境美,体会作者强烈的爱国之情和历史责任感。

(二)诗歌的朗诵技巧

PPT出示:

(1)把握诗歌诵读的节奏:要想准确把握诗歌的韵律节奏,就要先理解每个词的意思和节拍划分。

(2)把握诵读诗歌的停顿:诗歌的停顿主要体现在诗句中的换气。诗句间主要依靠词义句意来调节断句,诵读时要做到适当停顿,在诗句中通常用"/"来划分。

(3)把握诵读诗歌的语调:诵读的语调是指诵读时声音的高低轻重。诵读的语调常常会随着诵读情感的昂扬和低沉而发生变化。例如:升调(↑),降调(↓),延续(—),等等。

(4)把握诵读诗歌的速度:诵读诗歌的速度是指诵读时的快慢缓急,一般分快、中、慢三种速度。诵读速度主要根据诗情诗意来选择。

(5)把握诵读诗歌的重音:根据诗歌具体的意思确定具体的重音,重音在诵读中发挥着非常重要的作用,在一些情感激烈的诗句中,读出感情的重音,会使诵读更具强烈的吸引力。

(6)把握诗歌的感情基调及感情变化。

(三)诗歌的朗诵示范

教师范读《祖国啊,我亲爱的祖国》,屏幕展示诗歌,背景配乐。

(四)再品诗歌,理解意境美

(1)分析这首诗歌的整体朗读技巧。教师将这首诗的感情基调及变化以图片的形式清晰地展示给学生,让学生一目了然,如图6-5-6所示。

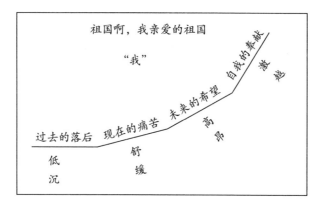

图6-5-6

分小节分析诗歌朗读技巧如下。

PPT出示：

（2）第一小节：

> 我/是你河边上破旧的/老水车，
>
> 数百年来/纺着疲惫的歌；
>
> 我/是你额上熏黑的/矿灯，
>
> 照你/在历史的隧洞里/蜗行摸索；
>
> 我/是干瘪的稻穗；是失修的路基；
>
> 是淤滩上/的驳船
>
> 把纤绳/深深
>
> 勒进你的/肩膊；
>
> ——祖国啊！

（3）第二小节：注意节奏、重音（红色词语）（感情：悲哀、向往；语气：舒缓）。

> 我/是贫困，
>
> 我/是悲哀。
>
> 我/是你祖祖辈辈
>
> 痛苦的希望啊，
>
> 是"飞天"袖间
>
> 千百年来未落到地面的／花朵；
>
> ——祖国啊！

（4）第三小节：注意节奏、重音（红色词语）（感情：欢欣鼓舞；语气：热烈高昂）。

> 我/是你簇新的理想，
>
> 刚从神话的蛛网里/挣脱；
>
> 我/是你雪被下/古莲的胚芽；
>
> 我/是你挂着眼泪的/笑涡；
>
> 我/是新刷出的/雪白的起跑线；
>
> 是/绯红的黎明
>
> 正在/喷薄；
>
> ——祖国啊！

（5）第四小节：注意节奏、重音（红色词语）（感情：热爱、献身；语气：激越、稍快）。

> 我/是你的十亿分之一，
>
> 是你九百六十万平方的/总和；
>
> 你/以伤痕累累的乳房
>
> 喂养了
>
> 迷惘的我、深思的我、沸腾的我；
>
> 那就/从我的血肉之躯上
>
> 去取得
>
> 你的富饶、你的荣光、你的自由；
>
> ——祖国啊，我亲爱的/祖国！

（五）总结归纳

通过学习朗诵《祖国啊，我亲爱的祖国》这首诗，掌握了基本的朗诵技巧，在读的过程要把握好感情基调，读出抑扬顿挫。下面我们再次有感情地朗诵一次吧！

【教学反思】

《祖国啊，我亲爱的祖国》是一首饱含感情的诗歌，是朗读训练的极好范本。本节课借助微课帮助学生掌握基本朗诵技巧，赏析这首诗的韵律美和意境美。

（一）成功之处

（1）课堂突出探究创新的特点，体现"掌握技巧—学以致用"的教学模

式，多媒体教学手段对课堂教学起到了很好的辅助作用，提供了唯美的意境画面，使听障学生全身心投入诗歌的意境之中，让听障学生以目代耳，扫清听障学生听力缺失造成的接受知识的障碍。

（2）在讲授朗读技巧的同时注重朗读训练。课前，教师先录制好范读的视频，根据学生的生理缺陷，在范读时依据诗歌的内容配上相应的身体语言帮助学生理解诗歌的内容。教师在朗读方法上进行适当的点拨，引导学生用心去读，反复去读，用心去感受。学生不仅要读出语气语调，读出感情，而且读时要揣摩诗句意思，体会诗的内在旋律，进入文章意境。

（3）微课的优点完美体现。微课由于其短小精悍的特点，在运用时可操作性强，节省授课的时间，使课堂知识容量大大增加，能够有效补充课堂上知识的不足，提高学生的课堂学习效果。

（二）不足之处

PPT制作没能插入动态的图画，所以展示的诗歌意境还不够完美。今后要加强微课制作的能力，不断改进，制作出更加精美的微课。

笔者通过实践发现，在现代诗歌诵读中，学生通过"眼观""口诵""心想"实现对诗歌的全面理解：口语好的学生非常乐意通过诵读展演自己的诵读水平，口语不太好的学生可以通过适当的手势语言及身体语言甚至舞姿来表现诗歌的感情变化。所以只要教师科学地进行诵读指导，就能落实新课标对现代诗歌教学的要求，提升听障学生对现代诗的鉴赏能力，提高课堂教学效率。

（此文获2022年广东省教育技术论文、教学设计评比三等奖）

借助信息技术提高听障古诗词的鉴赏能力
——《琵琶行·并序》教学案例及反思

【教学理念】

1.《普通高中教育语文课程标准（2017年版2020年修订）》继承和弘扬中华优秀传统文化，提升诗词鉴赏能力。

2.借助信息技术打通学习壁垒。

3.程红兵教授"教学目标要具体集中"的教学理念。

【教材分析】

《琵琶行·并序》是一曲千古不衰的绝唱，诗人用语言文字来表现音乐的技巧非常高超，值得世人细细品味："大弦嘈嘈如急雨，小弦切切如私语。嘈嘈切切错杂弹，大珠小珠落玉盘。间关莺语花底滑，幽咽泉流冰下难。冰泉冷涩弦凝绝，凝绝不通声暂歇。别有幽愁暗恨生，此时无声胜有声。银瓶乍破水浆迸，铁骑突出刀枪鸣。曲终收拨当心画，四弦一声如裂帛。"这段描写音乐的经典诗词，也是提高学生诗词鉴赏力的极好素材。

【学情分析】

大部分听障学生因为缺乏对声音的感知能力，无法像常人那样感受到琵琶声音的美妙，因此很难理解诗文中描写琵琶美妙声音的句段。针对具体学情，故单独抽出一节课的时间来学习这段诗词。

【教学目标】

1. 知识与技能：理解描写琵琶演奏的诗文，感受琵琶声变化的美妙，掌握诗人用来描写音乐的艺术手法，提高诗词的鉴赏能力。

2. 过程与方法：借助信息技术充分进行直观形象性教学，发挥听障学生视觉、嗅觉优势，补偿因听力缺陷而带来的学习障碍。分析诗文具体用了哪些修辞手法，领悟作者高超的写作技巧。

3. 情感态度与价值观：培养学生对中华优秀传统文化的热爱之情。

【教学策略】

根据听障学生"以目代耳"的学习方式，借助信息技术制作课件进行直观形象教学，打通听障学生生理缺陷而导致的学习壁垒，通过指导学生从视觉、触觉、听觉等多种途径来感受琵琶声音的变化，帮助学生感受琵琶音乐的美妙，分析诗文具体用了哪些修辞手法，领悟作者高超的写作技巧，提高学生对经典古诗词的阅读、鉴赏能力。

【教学准备】

制作PPT课件。

【教学过程】

第六课时

（一）情境导入

一千多年前，一个被贬的诗人，一个沦落的歌女，是音乐让他们演绎出一曲千古不衰的绝唱。今天，我们一起来聆听这首千古绝唱，领略诗人是如何用语言文字来表现音乐的。

设计意图：情境导入，聚焦本节课学习重点。

（二）研读分析描写琵琶演奏的诗文

（1）PPT出示诗文。

（2）教师示范朗读，学生集体朗读。

（3）教师提出思考问题：诗人运用了哪些艺术手法来描写音乐？

设计意图：紧扣文本，注重朗读，让学生带着问题进行下一步的学习。

（4）围绕以上问题展开学习。

① 比喻手法。

要求学生在诗中画出描写琵琶声音的喻体，教师在PPT上用红色标出相关词语。（急雨、私语、珠落玉盘、莺语泉流、银瓶乍破、铁骑刀枪鸣、裂帛）

设计意图：抓住重点词语进行分析领悟艺术手法。

教师解释：用比喻的手法使抽象的声音变成视觉形象。

借助PPT具体展现琵琶声音的变化过程：琵琶声音由快速到缓慢，到清脆悦耳，再到细弱无声，又由清泉凝流到突然的疾风暴雨，再到银瓶乍破、铁骑刀枪鸣，最后戛然而止。

设计意图：把琵琶声音的变化用曲线图呈现在学生面前，把抽象的声音变成视觉形象，符合听障学生"以目代耳"的学习特点。

② 通感手法。

借助PPT进行具体讲解："冰泉冷涩弦凝绝"，教师提示："冷"是接触时感受到的温度，"涩"是舌头的感觉，引导学生思考：这里是（　　　）觉通感（　　　）觉。"间关莺语花底滑"，引导学生想象：黄莺发出的声音是怎样的呢？作者用了哪个字来表现？"滑"字表现出声音的流畅，与上面的"凝"是反衬的，这一句是把（　　　）觉和（　　　）觉结合起来描写声音的。

设计意图：让学生通过触觉来感知声音，打通感知音乐的壁垒。

③ 叠词手法。

要求学生画出诗句的叠词。（嘈嘈、切切、嘈嘈切切）

让学生思考：运用这些叠词有什么作用呢？

教师讲解：诗人用以上几个叠词来描写琵琶声，增加了诗歌语言的节奏感，读起来朗朗上口。

设计意图：借助信息技术，引导学生通过视觉、触觉去感受音乐的美妙，补偿因听力缺陷带来的学习障碍，打通学生感知音乐的重重壁垒，提高学生对经典古诗词的阅读、鉴赏能力。

（三）小结

这节课我们主要学习了诗人描写音乐的艺术手法，大家一起来总结诗人运用语言文字描写音乐的高超技巧主要用了哪几种艺术手法？看板书复习总结。

（四）板书设计

琵琶行·并序

描摹音乐的艺术手法

比喻：急雨、私语、珠落玉盘、莺语泉流、银瓶乍破、铁骑刀枪鸣、裂帛

通感：触觉——听觉（冷、涩、滑、凝）听觉

叠词：嘈嘈、切切、嘈嘈切切

【教学反思】

《琵琶行·并序》是人教版必修3的经典名篇，也是一曲千古不衰的绝唱。诗人用语言文字来表现音乐的技巧非常高超，值得世人细细品味。

听障学生无法像正常学生那样很容易地理解声音的变化，如何借助信息技术进行直观形象教学，打通听障学生生理缺陷而导致的学习壁垒，帮助听障学生感受琵琶音乐的美妙，提高听障学生对经典古诗词的阅读、鉴赏能力，是摆在教师面前的难题。为了解决这一难题，我尝试用聚焦一个问题、小步走的方法，抽出诗文中描写琵琶演奏的这一小段，利用PPT，以"描摹音乐的艺术手法"为主题，以"诗人运用了哪些艺术手法来描写音乐"为重点进行教学，收到了良好的教学效果，与程红兵教授提出的"教学目标要具体集中"的教学思想高度吻合，非常切合听障学生的学情。

课中借助PPT具体展现琵琶声音的变化过程，分析诗文用通感描写声音的修辞方法，引导学生通过触觉来感知声音，打通感知音乐的壁垒。

我在课后经过反思意识到：假如把这节课的教学内容制作成微课，配以动画演示场景，教学效果肯定会更好，微课还能作为教学资源反复使用，可谓一举两得。

多媒体课件创设诗词意境，感情诵读品味诗词格调
——《雨巷》教学设计及反思

【**教学理念**】

1.《普通高中教育语文课程标准（2017年版2022年修订）》探索信息化背景下教与学方式转变的理念。

2.信息技术与聋校诗歌教学深度融合的理念。

3.诗歌教学"以诵读为本"的教学理念。

【**教材分析**】

《雨巷》是人教统编版高中语文必修1第一单元第二课中的一篇诗歌，属于精读课文，是一首比较有名的当代诗歌。本课要求学生能在了解诗歌创作的时代背景的情况下通过反复诵读，把握其中的意象，领悟诗歌独特的意境和诗人所要表达的情感。

【**学情分析**】

1.本班学生乐于协助学习，有较强的团队精神，有四个学生的口语基础比较好，在这几个同学的带动下，课堂气氛非常活跃。

2.学生第一次学习戴望舒的作品，对诗歌的时代背景不太了解，需要教师做详细的介绍。

【**教学目标**】

1.知识与技能：理解诗词意境，透过意境理解景中寓情，理解诗歌的意象及意境，分析意象的象征意义，掌握这首诗词的诵读技巧。

2.过程与方法：借助PPT课件，创设出诗歌的意境，引导学生鉴赏诗歌，利用诵读教学法指导学生朗诵，通过反复品读，感受诗的韵律美。

3.情感态度与价值观：树立正确的人生观、价值观。

【**教学策略**】

由戴望舒的个人简介导入，介绍这首诗歌的写作背景；通过唯美的课件展示诗词中的意象及意境，为听障学生赏析诗词架起桥梁；通过诵读指导，引导学生有感情地诵读，品味诗词格调以及作者的思想感情。

【**教学准备**】

课件制作。

【教学过程】

第一课时

（一）作者个人简介导入，创造情境

由戴望舒的个人简介导入，营造一种忧伤的氛围。

（二）初读诗歌，整体感知

（1）学生根据课前预习自主介绍背景材料，教师补充：戴望舒又称"雨巷诗人"，是中国现代派象征主义诗人。

PPT出示：

1927年政治风云激荡，诗人内心苦闷彷徨。反动派屠杀革命者，白色恐怖笼罩全国，人们看不到革命前途，在痛苦中陷于彷徨迷惘，在失望中渴求新希望。

（2）初步感知。

读完诗歌，你感受到了什么？

整首诗为我们描绘了一个富有美感又充满浓重忧伤的抒情意境。

（三）研读诗歌，解读意象及象征意义

1. 研读诗歌，课件播放诗歌中出现的唯美意象，让学生自我领悟

（1）雨巷。

雨：迷茫、潮湿、阴冷；巷：阴暗、狭窄、悠长。

本来就让人感到幽深、寂静的小巷，再加上蒙蒙的细雨，意境更是充满了朦胧美，突出阴暗、清冷的环境特征。

（2）篱笆墙。

这个篱笆墙是颓圮的，就是让人感觉有种破败、凄凉的气氛。

当雨巷、篱笆墙结合起来后，于是便营造出幽深、寂静、朦胧、凄美的氛围。

（3）油纸伞。

油纸伞本身就有复古、怀旧、神秘、迷蒙的特点，充满传统气息，暗合了"雨"，和雨巷很好地结合起来，又寂寥地下着小雨，更平添了一份冷漠、凄清和孤独的氛围。

（4）丁香。

丁香形状像结，开在暮春时节，易凋谢。诗人们对着丁香往往伤春，说丁香是愁品。丁香花多为白色或紫色，颜色都不轻佻，常常赢得洁身自好的诗人

的青睐。本诗中的丁香展现出美丽、高洁、愁怨。

2. 小组合作探究丁香姑娘的象征意义

（1）阅读诗歌，思考："丁香一样的姑娘"象征着什么？

（2）学生分小组讨论交流，教师可以参与交流，适时点拨。

"姑娘"的形象可以指诗人的理想。如果诗中的"我"是一位沉醉于爱情中的青年，那么这位"姑娘"不正是他要追求的"窈窕思服"的佳人吗？或许她的家就在巷子的尽头，或许她只是从这巷子经过，谁知道呢？读者尽可以展开想象。

（四）品读诗歌，分析艺术特色

（1）观看名家诗朗诵《雨巷》，再次引导学生有感情地朗读这首诗。

（2）总结诗歌艺术特色。

① 复沓包式的妙用，形成了回环叠唱的效果。

② 词语的重叠运用，形成了舒缓悠扬的节奏。

③ 每节押"ang"韵两至三次，使得音节舒缓悠扬。

④ 运用排比增添幽深空蒙的意境。

（五）课堂小结，升华情感，学科育人

戴望舒是一个对生命和生活有着美好追求的普通人，更是有着执着追求的勇敢，我们在被困难包围时也要学习戴望舒笑对人生起伏的精神。

（六）布置作业

背诵全诗。

【教学反思】

这是一首带着淡淡忧伤的现代诗，朗读起来自带舒缓悠扬的节奏，形成一种回环叠唱的效果，是训练听障学生诵读的好教材。为了更好地指导学生有感情地诵读诗歌，提高诗歌鉴赏能力，教师在讲授新课前借助网络资源做好充分的知识铺垫后，在授课过程中借助信息技术，展示出诗歌唯美的意象，创设出一种幽深、寂静、朦胧、凄美的氛围。在学生理解诗歌大意的基础上，利用诵读教学法指导学生朗诵这首诗，教学思路清晰，学生学习积极性高，感受到作者那种执着追求美好理想的情怀，班上有四名同学能够有感情地朗读本诗。因此，本节课的教学达到了"多媒体课件创设诗歌意境，感情诵读品味诗歌格调"的理想境地。

📖 **附录6** 信息技术与听障作文教学深度融合的案例及反思

信息技术架起生活与作文的桥梁

——作文教学《我的校园》教学设计及反思

【教学理念】

1.《聋校义务教育语文课程标准（2016年版）》注重生活化教学的理念。

2.利用信息技术创设教学情境的理念。

3.语文学科教学紧密联系学生生活的理念。

【教材分析】

《我的校园》是笔者自编的习作内容，要求学生写一篇记叙文，把自己的校园介绍给同学们。笔者启发学生观察自己的日常生活，从校园的样子、在校园里的活动和感受三个方面，训练学生按照一定的顺序描述自己的校园，引导学生留心观察自己的生活，积累习作素材。

【学情分析】

虽然五年级听障学生有了相当多的生活体验，也已经积累了不少语言词汇，但其思维较为呆板，信心不足，不敢表达，疏于表达，学生之间学习能力差异较大，适宜采取差别化教学，分类要求。

【教学目标】

（一）知识与技能

A类生：能用一两段话按一定的顺序把自己的校园写具体。

B类生：能按一定的顺序将自己校园的样子讲清楚。

C类生：能简单介绍自己的校园。

（二）过程与方法

借助现代信息技术，创设生活情境，通过引导观察、阅读范文、理解作文等方法，学会按一定的顺序介绍自己的校园。

（三）情感态度与价值观

培养学生善于观察的好习惯，激发学生热爱生活的情感。

【教学策略】

借助现代信息技术，化难为易，由易到难，由说到写，训练发展学生书面语言运用能力，培养学生习作的兴趣和自信心，引导学生留心观察生活，积累习作素材。

【教学准备】

1. 拍摄教学需要的学生活动场景照片。

2. 制作教学多媒体课件。

【教学过程】

第一课时

（一）读题引入，明确目标

（1）PPT出示课题。

（2）板书：我的校园。

带读题目：这次习作是要我们向大家介绍自己的校园。

（3）PPT出示：我的校园里的教室、篮球场、图书室、宿舍、菜园等照片。

设计意图： 借助信息技术创设情境，展示学生熟悉的场景照片，引导学生回忆，观察自己的校园，把生活和写作结合起来，激发写作兴趣，打开思路。

（4）PPT出示习作目标和习作要求。

（5）读一读习作要求。

（6）导入新课：大家一起来读读这三句话。

① 校园是什么样子？

② 你最喜欢校园里的哪个地方？

③ 校园给你带来了怎样的快乐？

这三句话指明了本次习作要写什么、怎么写和表达怎样的情感。今天我们就按照这三点要求，学习怎样向大家介绍自己的校园。现在让我们一起开始今天的《我的校园》习作之旅吧！

设计意图： 紧扣教材，明确本次习作目标及要求，既明确观察的重点，也指明写作的思路。

（二）联系旧知识，学习新知识

1. 按什么顺序来写我的校园？

（1）PPT出示学过的课文《乡下人家》第一、第二自然段中的关键词，这是按什么顺序写的？（空间顺序）

（2）小结：按照一定的顺序写，可以把我们的校园介绍得清清楚楚。

（3）你能按一定的顺序说说你的校园吗？

设计意图：通过回忆学习过的课文和赏析例文，学生知道介绍自己校园的样子要按一定的顺序，有条理地描述，别人才容易读懂，看明白。

2. 我的校园"乐"在哪里？

（1）观看"学生在篮球场打篮球"视频，观察讨论同学们在篮球场打篮球的乐趣，说说打篮球的动作，说一说投中篮时的快乐心情。引导学生说出"运球""投篮"和投中后举手庆祝的具体动作，表达出打篮球时的快乐情景。让能说者先说，为会说者引路，让不会说者模仿体会，说出我们在校园的乐趣。

（2）请学生详细地描述打篮球的动作，表达在篮球场打篮球的快乐。

（3）小结归纳：通过具体的动作描写，表达校园的"乐"。

设计意图：感受同学们在校园操场上打篮球的快乐，让学生明白，习作的重点在于抓住校园的特点，写出校园里发生的事情和由此产生的快乐。为下一步写作做好铺垫。

（三）厘清写作步骤，写一写我的校园

（1）板书习作提纲，引导学生厘清习作步骤。

（2）让学生思考以下四个问题：

① 这次习作的题目是什么？（我的校园）

② 开头如何写清楚你的校园在哪里？

③ 中间部分要重点写，主要写什么？（写校园的样子和在校园里的活动，给自己带来了怎样的快乐，还要通过动作的描写表达校园带给你的快乐。）

④ 一般按什么顺序来写？（空间顺序）

（3）下面拿起笔开始写一写《我的校园》吧！学生自由写作，教师巡视辅导。

设计意图：通过写作提纲，为学生搭建一个脚手架，帮学生厘清习作步骤，培养学生活学活用的学习技能，让他们轻松掌握描写"我的校园"的写作方法。

（四）习作点评，布置作业

1. 完成作文《我的校园》。

2. 把习作《我的校园》读给同学听，分享你的快乐。

（五）板书设计

开头　你的校园在哪里

我的校园　中间　校园的样子及校园里的乐趣

结尾　表达喜爱、留念或赞美

【教学反思】

《我的校园》是笔者自编的习作话题，习作内容是把自己的校园介绍给大家认识。新课标中提道：用教材教，而不是教教材。所谓"用教材教"是在重视培养学生语感的基础上，为进一步把握语文知识，进行必要的"延伸、联系"。

本节课在信息技术的支持下，把学生在操场打篮球的场景视频搬到课堂中来，进一步把教材内容延伸到学生的实际生活中，在写作与生活中架起一座桥梁，打通了知识与生活的连接通道，让知识变得鲜活起来。借助多媒体课件，把学过的《乡下人家》中的片段无缝连接起来，引导学生由旧知识迁移过渡到新知识，起到温故而知新的作用。

根据学情注重分层教学，各类学生目标明确。首先引导学生明确写什么，怎么写？为了解决怎么写的问题，教师先教会学生按空间顺序来介绍自己的校园，然后教会学生要通过具体的动作描写来表现"乐"，最后借助提纲帮助学生厘清写作步骤，开头怎样写、中间怎样写、结尾怎样写，从整体上构思一个框架，使学生有了习作的思路，让学生觉得有话可说，有东西可写，助力达成本节课的教学目标。

附录7　信息技术与听障阅读教学深度融合的案例及反思

注重情感体验，发展学生语言能力

——《我爱家乡》教学案例及反思

【教学理念】

1.《聋校义务教育语文课程标准（2016年版）》注重情感体验的理念。

2.信息技术与听障语文学科融合的理念。

3.语文学科教学"以读为本"的理念。

【教材分析】

全日制听障实验教材语文第十册课文《我爱家乡》是一篇讲读课文，描写了作者登上家乡附近的一座山顶，观看到的家乡景象，抒发了作者赞美家乡、热爱家乡的思想感情。全文共有六个自然段，有一幅插图。课文的语句和插图紧密相连，学生容易理解。本文是一篇写景的范文。文中体现了选定一个方位，从东西南北四面及从近到远的观察顺序，运用了"总—分—总"的文章结构及写作方法。

【学情分析】

1. 本班学生乐于协助学习，有较强的团队精神，有四名学生的语言基础比较好，在这几名同学的带动下，课堂气氛非常活跃。

2. 大多数学生可以达到看图理解课文内容的要求。因此，思维训练要引导得细致，只有这样，才能让学生真正理解课文内容。在渗透"按一定的方位从近到远的观察顺序以及总—分—总的写作方法"时，一定要结合课文内容进行讲解。

3. 大部分学生对色彩鲜艳的PPT课件非常感兴趣。

【教学目标】

1. 知识与技能：口语好的学生能正确、有感情地朗读课文。不能发音的学生练习用手语表达；正确理解课文内容，重点理解家乡四面的景象，学会按一定的方位进行观察，按从近到远的顺序观察的方法，进一步理解课文内容；通过看图、看板书厘清课文脉络，理解"总—分—总"的写作方法。

2. 过程与方法：以画导入，激活学生情感；通读全文，整体感知，图文结合，理解课文内容；借助插图和板书，通过指导学生分段，帮助学生厘清文章的脉络；综合练习，学以致用，看自己的美术作品练习说话，向大家介绍自己的家乡，发展学生的语言能力，感受家乡的美；把学生日常熟悉的景物搬进课堂，激发学生的学习兴趣，为下节课写话做铺垫。

3. 情感态度与价值观：通过朗读、学习感受家乡的美，激发学生对家乡的热爱之情。

【教学策略】

借助信息技术处理课文插图、整合教学资源，帮助学生理解课文内容。注重挖掘教材中人文精神因素，加强听障学生的情感体验，让学生在亲身体验中由景入情，以情观景，启发想象，步入情境，以读为本，淡化分析，强化体验，欣赏自然美景，感悟美的事物，体会作者爱家乡的思想感情。通过学习课

文，学习从近到远的观察顺序及有条理地叙述和总—分—总的写作方法。在课文教学中重视发展学生的思维，促进语言和思维的统一发展。培养学生综合实践能力，通过课余时间绘画体会家乡的美好，并通过介绍自己的作品，训练学生的语言能力。

【教学准备】

1.制作PPT课件。

2.课前请同学们根据课文内容画一画家乡四面的景象。

【教学过程】

第二课时

（一）以画导入，激发学生情感

1.指板书齐读课题。

2.让学生欣赏美丽的七星岩画。让学生观察七星岩画，说说看到了哪些景物。

设计意图：用学生熟悉的七星岩画唤起学生类似的生活经历，激发学生的学习兴趣，用学生自己的语言来说，在学生最近的语言发展区去寻找一个语言训练点。

（二）通读全文，整体感知，图文结合，理解课文内容

（1）通读全文。

（2）指导学生观察图片，反复提醒"我"是站在山顶，以山顶为观察点，向东、西、南、北四个方向依次来眺望四面的景象。

（3）对课文的插图进行处理，图文结合，帮助学生理解每个自然段的意思，理解从近到远的观察顺序。

（4）指导学生有感情地朗读课文，思考：作者的家乡美在哪里？

设计意图：整体感知课文，根据自然段的内容处理插图，突出相应的插图，做到图和文紧密结合，帮助学生更好地理解每个自然段的内容。引导学生按从近到远的顺序观察景物。

（三）借助插图和板书，通过指导学生分段，帮助学生厘清文章的脉络

（1）出示一幅完整的插图，请学生结合板书，说说四面的景象。

（2）出示问题：课文哪几个自然段是写家乡四面景象的？这几个自然段可以合成一段吗？

（3）引导学生正确分段。厘清课文脉络，介绍"总—分—总"的写作方法。

设计意图：帮助学生从整体理解课文内容，把握文章结构特点。厘清课文脉络，理解"总—分—总"的写作方法。为日后学习类似的文章奠定基础。

（四）综合练习，学以致用，加深对课文内容的理解，体会家乡的美

（1）课前请同学们根据课文内容画一画家乡四面的景象。

（2）课堂上请四名同学介绍自己画的画，让大家欣赏他们的作品。

设计意图：把语文学科与美术结合起来，努力实现学科间的沟通，让学生进一步加深对课文的理解，体会家乡的美，训练学生运用语言的能力。

（五）激发兴趣，开阔视野，让学生在真实感受中寻找作文素材

借助网络资源展现七星岩的美丽风景，告诉学生，周末老师将会带他们登上七星岩的天柱岩，眺望四面的景象，为下次写作做准备。

设计意图：语文课程应该是开放而富有活力的，把课文当成一个例子，借助信息技术把学生日常熟悉的景物搬进课堂，拓展学生的视野，激发学生的学习兴趣，这样能使学生走出课本，融入生活，为下次作文课做铺垫。

（六）布置作业

找回第九册课文《公园的一角》读一读。看看作者是怎样写《公园的一角》的。

设计意图：学习本文"总—分—总"的写作方法，联系旧知识复习巩固，为下次作文课做铺垫，实现学以致用的教学目标。

【教学反思】

《我爱家乡》是全日制听障实验教材语文第十册的一篇讲读课文，课文描写了作者登上家乡附近的一座山顶，观看到的家乡四面的优美景象。本文是一篇写景的范文，文字优美，条理清晰，读起来朗朗上口，是训练语感与写景方法的好材料。整节课学生在老师的指导下积极参与到教学活动中来，保持高涨的学习热情。大部分学生都能理解课文内容，掌握观察顺序，理解写作方法，做到有感情、流畅地朗读课文。

本节课既体现了《聋校义务教育语文课程标准（2016年版）》注重情感体验，发展学生语言能力的教学理念，也体现了信息技术与语文学科深度融合教学的实际效果。阅读是学生个性化行为，不应以教师的分析代替学生的阅读实践。应让学生在主动积极的思维和情感中加深理解和体验，有所感悟和思考，

受到情感熏陶，获得思想启迪，享受审美乐趣。本节课把"读"贯穿课堂始终，在读中培养语感，在读中受到情感熏陶，让学生感受家乡的美，从而培养学生热爱家乡之情。教师借助信息技术处理课文插图，整合教学资源帮助学生理解课文内容，把学生熟悉的七星岩风景"移"入课堂，突破重难点，训练思维，激发美感，渗透美育。

（本文获2012年广东省听障教育语文教师教学技能竞赛三等奖）

附录8　信息技术与听障拼音教学深度融合的案例及反思

寓教于乐，让拼音学习更有趣

——《α》教学设计及反思

【教学理念】

本教学设计根据听障学生的特点，关注学生的兴趣，借助信息技术讲解单韵母"α"的发音方法、书写方法及手指语，创设生活化教学情境，利用希沃白板强大的游戏功能，将枯燥抽象的汉语拼音同游戏结合起来，让学生感受到学习拼音的快乐，让拼音教学变得更有趣。

【教材分析】

《α》是义务教育课程标准（人教版）试验教科书语文一年级上册"汉语拼音"第1课的内容。

【学情分析】

我校一年级的新生大多缺乏语言基础，本班学生共12名，其中听力较好的有4人，中度损伤的6人，重度失聪的2人。

【教学目标】

1. 知识与技能：学会单韵母α的发音、手指语及它的四个声调，学会在四线格里正确书写。

2. 过程与方法：借助信息技术帮助学生掌握单韵母"α"正确的发音方法及书写；增强学习的趣味性，进行情境创设，激发学生的学习兴趣。

3. 情感态度与价值观：利用课件，运用多种方法，激发学生学习拼音的兴趣。

【教学策略】

结合学情，降低学习难度，小步走。孩子们缺乏语言基础，加上听力有不同程度的缺失，给我们的汉语拼音教学带来很大困难，因此只能实施小步走分解教学内容。本课时只教学单韵母"a"。创设情境，激发学习兴趣。借助信息技术，制作《拼音王国》课件，通过动画刺激学生的感观，调动学生的注意力，激发他们的学习兴趣。

【教学准备】

1. 希沃白板运用环境，制作好视频。

2. 制作多媒体课件《拼音王国》。

3. 单韵母a及其四个声调的卡片、挂图、镜子。

【教学过程】

第一课时

（一）谈话引入

同学们，欢迎来到拼音王国，拼音王国里有很多拼音宝宝哦，你们想认识他们吗？今天我们就来认识其中一个好吗？

（二）**教学单韵母a（播放课件）**

（1）看图说话引出a：说说图上画了谁？她在干什么？学生说图意：小朋友学唱歌a，a，a。教师示范读，并同时教会学生手指语。

（2）图上的小朋友在唱歌时，嘴巴张得大大的。学生在老师的示范带动下，张大嘴巴发a的音。

（3）同学们，请想想看，除了唱歌时张大嘴巴外，我们什么时候也要张大嘴巴呢？播放提前制作好的视频：小文喉咙痛，在医生给他做检查时，小文发出了"a"的声音。大家回忆一下，每次我们做核酸检测时，是不是也要把嘴巴张得大大的？对了，张大嘴巴时顺势发出的音就是单韵母a的发音了。请大家跟老师读a。

（4）发给每个学生一面镜子，让学生对着镜子，对照老师的口型来学习和纠正自己的发音过程。

（三）**教学a的四声**

（1）出示字母卡片，单韵母a的头上有四顶不同的帽子。他们戴上不同的帽子，读起来的声调也就不同了。这四顶帽子就是"声调符号"。

（2）教师示范四声发音，学生模仿、跟读。

（对听力受损严重的学生掌握四声发音不作要求）

（3）指导看书、读书。（翻开课本，找到汉语拼音第一课）边看图边读，集体反复练读2～3遍，再指名读。

（四）学写单韵母ɑ

（1）认识四线格（出示四线格，让学生数一数有几根线、几个格）。

（2）看课件动态演示笔顺。教师范写，学生书写。

（3）学生到小黑板试写，评讲。

（4）学生在练习本上写。

（五）复习巩固

利用希沃白板玩游戏——找朋友，判断对错。

【教学反思】

在给听障学生上汉语拼音课时，老师教得口干舌燥，学生收效却不尽如人意。为了突破拼音教学这个大难题，教师可以请信息技术来帮忙。信息技术形象化教学可以使枯燥的拼音教学生动化、趣味化。

本课时结合学情需要，只选取单韵母ɑ及四个声调的发音、书写作为教学内容。借助信息技术，通过制作多媒体动画课件，拍摄学生看病的视频，希沃白板强大的游戏功能，多种方式调动学生的学习积极性，让枯燥的拼音教学变得生动有趣，让学生乐学，寓教于乐，符合学生的身心特点，收到了良好的教学效果。

第七章

信息技术与听障语文教学
深度融合的思考与展望

　　随着信息技术的不断发展，信息技术早已渗透到学校教育全过程中，加强学校教育信息化建设早已成为教育发展的重要趋势。自进入21世纪以来，大数据、云计算、人工智能、互联网+教育等多种新兴的信息技术快速融入人类社会的工作、学习、生活等各个领域，影响人类的思维，改变人们的教育理念和教学方式。国内信息技术与普通中小学语文教学深度融合已是当代实施信息化教育的一个热点话题，但在欠发达地区的特殊教育学校发展比较慢，作为听障语文一线教师，如何让信息技术与听障语文教学深度融合，如何可持续发展，我们有义务去思考和展望。

第一节　信息技术与听障语文教学深度融合的思考

在国家加快特殊教育信息化进程，大力推进信息技术在教学过程中的应用这一背景下，各地教育主管部门和广大听障教育学校需要在学校信息化环境建设、教育资源建设、教师队伍建设以及信息技术在教育教学中的应用等方面加大投入力度，使信息技术与教学的融合有一个较大的提升。

一、努力提升信息技术应用能力

我们要乘信息技术应用能力提升工程2.0的东风，努力提升信息技术应用能力。一名高素质的教师应具有现代化的教育思想、教学观念，掌握现代化的教学方法和手段，熟练运用信息工具（网络、电脑）对信息资源进行有效的收集、组织、运用；通过网络与学生或其监护人进行交流，在潜移默化的教育环境中培养学生的信息意识。教师只有不断学习，才能满足现代化教学的需要。我国听障教育学校信息技术融入的整体水平与普通中小学存在较大差异，听障教育学校之间的设备设施也存在很大差异。

二、结合语文学科及听障学生特点融入信息技术

将信息技术融入学科和教学的最终目的在于改善学生的学习。因此，我们在应用信息技术辅助教学时，首先要结合语文学科特点，其次要考虑听障学生的认知特点。听障语文课程是一门学习语言文字运用的综合性、实践性课程，其基本特点是工具性与人文性的统一。因此在教学过程中，我们应该结合听障学生的生活实践，帮助学生掌握语言作为日常交流学习的一种工具，并在教学

中创设信息技术与语文教学深度融合的人文性课堂，以实现其人文性的育人功能。

一切教学活动都是围绕着教学对象来开展的，而学生在学习的过程中是依其自身的特点来进行学习的。因此，要实现学习目标，完成学习任务，必须重视学生的学习特征，也就是对教学对象进行一定的分析。这也就意味着，信息技术在听障语文教学中的应用必须在分析听障学生特征的基础上开展。

三、创设"主导—主体相结合"的教学模式

我国传统的聋校教育是以教师讲、学生看为主的班级授课模式，这种教学模式对系统的基础知识的教授效果较好，但此模式通常以教师为中心，而忽略了学生的主体地位。夸美纽斯形容这种教学如同印刷书籍一样，教师把相同的知识灌输到每个学生的头脑里，这样学生就只能机械被动地接受知识，其主动性和积极性很难被激发，因此，学生的创新精神和实践能力就得不到培养，也就很难成为现今知识信息社会所需要的创造型人才，难以适应社会发展。听障学生由于听力障碍而具有异于常人的心理特点，他们的思维方式长期处于直观形象思维阶段，而且其注意力很难长时间保持，记忆效果也相对较差，所以这种单调的填鸭式教学很难实现让听障学生有效地把握知识。这也是长久以来听障教育一直很难取得良好教学效果，并一直呈现"教师累死累活讲不明白，学生表情漠然学之甚少"的状态的重要因素之一。随着多媒体技术以及网络技术的飞速发展，现代信息技术集声音、图像、文字、动画及视频于一体，且具有形象直观、信息海量等特点，因此，信息技术顺利走进了听障课堂，并广受师生青睐。信息技术依照听障学生生理及心理特点为他们营造生动形象的学习环境，听障学生在教师的指导下，可以进行自主探究学习，也可以与同学一同进行团队合作学习，学习氛围良好。在灵活运用多媒体信息技术的过程中，教师也无须在每堂课都手口并用地强行灌输一些听障学生理解不了的抽象知识，形成了教师起主导作用，学生真正成为学习的主人的信息技术环境下的新型教学模式。

第二节　信息技术与听障语文
教学深度融合的展望

　　教育信息化2.0时代，就是大数据、云计算、物联网、移动互联网以及VR/AR等人工智能技术日益普及的"互联网+教育"时代。慕课、创客教育、大数据、混合式学习、项目式学习等成为教育改革创新的新趋势。为了适应这个发展趋势，我国已决定在中小学校全面普及信息技术教育，新的课程标准中也特别注重加强信息技术与课程的深度融合。信息技术与学科深度融合已成为一种改革传统教学结构、探索新的教学规律、创造新的教学模式、全面实施素质教育、培养创新人才的基本途径。乘着信息化的东风，信息技术如何与听障语文教学可持续地发展融合，我们一起去展望。

　　随着云计算、大数据、物联网、人工智能技术等新一代信息技术在教育教学生态的渗透与广泛应用，新观念的教育组织形式和教学模式也不断涌现，信息技术对教育的革命性影响进一步凸显，并产生了新的特点和变化，呈现出一些新的趋势特征。信息化教育教学形成了良性的发展态势，信息技术变革教学初现端倪。

一、应用智能信息技术突破班级教学局限，促进学生的个性化学习将成为教育信息化发展的重要内容

　　与工业革命不同，信息技术不仅仅延伸了人的身体，解放了人的体力，更重要的是延伸了人的大脑，解放了人的脑力，减轻了人的低层次、高重复的认知负担，从而让人能够从事更高水平的创造和创新方面的思维活动。随着国家教育信息化云计算体系的不断完善和网络学习空间的普及应用，每一位教师和

学生都可以在技术赋能的环境中学习。针对每名学生的学习禀赋、文化背景、兴趣爱好和发展潜能，根据国家规定的基础教育教学大纲要求，提供有选择的多样化学习内容和学习形式，发挥信息技术的潜能，突破班级教学的限制，更多地满足学生适应时代的个性化发展要求，将是目前和今后一段时期内信息化推动教育教学变革的重点和难点。

二、以师生为中心的知识创新与资源分享将成为数字教育资源供给的重要方式

信息技术的普及应用使越来越多的具备信息技术能力的教师借助互联网参与到数字教育资源的建设中来。数字资源从原来的主要由专业人员开发转向由学科教师和学生在应用中生产与专业人员开发并存。"众筹""众包"等互联网思维，在教育教学领域将出现越来越多的实践。教师和学生不再只是数字资源的消费者和使用者，而是数字内容的生产者。专业人员应更加重视教育教学的过程性、动态性和创造性，为数字内容的主要生产者——师生提供工具和服务，帮助教师从单纯的应用信息技术转变为信息资源的生产者和共享者。因此，采取互联网思维，继续丰富和完善基础教育教学数字教育资源体系，推动数字资源从一般的开发向提供个性开发和服务转变，仍然是一个长期的任务。

三、网络连接技术推动学校课堂教学由封闭走向开放，教学组织形态更加多元化

信息技术已不仅仅是课堂教学的工具与手段，它已成为学校教育教学生态体系的重要组成部分。在互联网推动社会大变革的浪潮下，各种颠覆传统教学的网络化新型教育模式不断涌现，借助于各种智能学习终端，学校教育可实现课前、课中、课后，校内与校外的互联互通，学校教学由单一的课堂教学向多元化的开放式课程教学发展，能够为每个孩子提供"智慧课程"。网络连接技术将帮助学校实现传统课程教学的变革，推动在校教师与在线教师的整合，提供开放性的课程内容，重新界定课堂的边界，重构学校的教学流程，为学生提供全新的学习体验。应用信息技术与网络新思维，革新学校传统课程与教学流程、教学形态，将是学校教育现代化发展的新方向、新趋势。

在2022年8月8—9日举行的"科技赋能、学科融合、减负增效"新兴技术

助力课程与教学创新的理论与实践研讨会暨全国"基础教育跨越式发展创新试验研究"年会上，余胜泉教授以"e-Learning新解：教学模式创新路径"为题，解读了信息技术的新内涵，阐释了如何恰如其分地利用信息技术推动教育模式创新，并提出了技术革新教学范式三个路径：技术作为媒体、认知工具、普适计算与生态技术，分别支持知识传递、知识建构、分布式情境认知三类教学范式。他表示：教育要回应智能时代、知识经济时代的挑战，应以核心素养培养为教学改革的基本方向，培育适应智能时代发展的创新型人才。智能时代，无处不在计算的、虚实融合的社会空间里，学习成为无所不在的泛在学习。而"情境化认知的e-Learning范式"将个体认知置于更大的物理和社会情境以及文化建构的工具和意义之中，适应泛在学习空间，让技术回到教育的幕后，看到更大的课堂，超越知识传递、知识建构，形成知识创生。

新时代赋予教育信息化新的使命，国家已勾勒了未来教育信息化的新蓝图，也为我们指明了一条真正有中国特色信息化教育之路，让我们在继承前人研究成果的基础上，笃定目标，脚踏实地，根据特殊学生的特殊需要，继续深入探讨信息技术与听障语文教学深度融合的问题，为提高听障语文教学质量而努力，开启信息技术与听障语文教学深度融合的新征程。

参考文献

1. 书籍类

［1］中华人民共和国教育部.聋校义务教育语文课程标准（2016年版）［M］.北京：人民教育出版社，2018.

［2］中华人民共和国教育部.普通高中语文课程标准（2017年版2020年修订）［M］.北京：人民教育出版社，2020.

［3］何克抗.信息技术与课程深层次整合理论：有效实现信息技术与学科教学深度融合［M］.2版.北京：北京师范大学出版社，2019.

［4］陈丽江.信息技术与听障数学课程的整合［M］.长春：吉林大学出版社，2019.

［5］黄建行，雷江华.信息技术在特殊教育中的应用［M］.北京：北京大学出版社，2015.

［6］齐延平.人权与法治［M］.济南：山东人民出版社，2003.

［7］黄建行，雷江华.智障学生职业教育模式［M］.北京：北京大学出版社，2011.

［8］冯学斌，孟祥增.现代教育技术［M］.济南：山东人民出版社，2002.

［9］李葆萍，王迎，鞠慧敏.信息技术教育应用［M］.北京：人民邮电出版社，2004.

［10］南国农，李运林.教育传播学［M］.北京：高等教育出版社，1995.

［11］肖笛.信息技术环境下小学语文阅读教学的实践与探索［M］桂林：广西师范大学出版社，2012.

［12］陈玲，刘禹.跨越式实现高效课堂：信息技术与课程整合高效教学方案反思［M］.南京：江苏教育出版社，2011.

［13］祝耀安.大数据时代：中学语文智慧课堂行动与思考［M］.北京：团结出版社，2015.

［14］郭兴吉，刘毅.信息技术教育基础［M］.成都：西南交通大学出版社，2018.

［15］成尚荣.做中国立德树人好教师［M］.上海：华东师范大学出版社，2021.

［16］江苏省陶行知研究会，南京晓庄学院.陶行知文集［M］.南京：江苏凤凰教育出版社，2018.

［17］中华人民共和国教育部.培智学校义务教育生活语文课程标准（2016年版）［M］.北京：人民教育出版社，2018.

［18］陈军.新课程视野中的聋校语文教学［M］.厦门：厦门大学出版社，2009.

［19］陈军.新课程视野中的聋校语文教学实验文集［M］.厦门：厦门大学出版社，2010.

［20］朴永馨.特殊教育概论［M］.北京：华夏出版社，1999.

［21］何军，初旭.基础写作名词例释［M］.沈阳：辽宁教育出版社，1987.

［22］潘庆.富有想象力的课堂教学［M］.广州：广东教育出版社，2020.

［23］刘儒德.信息技术与课程整合［M］.北京：人民教育出版社，2004.

2. 杂志类

［1］顾明远.教育技术学与二十一世纪的教育［J］.中国电化教育，1995（8）：38-41.

［2］张靖，傅钢善，郑新，等.国外信息技术支持的听障学生教育研究：发展、现状及启示［J］.中国远程教育（综合版），2019（5）：84-91.

［3］郑权.特殊教育网络资源建设的现状、问题与发展策略［J］.中国远程教育（综合版），2010（5）：28-31.

［4］陶建华.特殊教育学校信息技术课程边缘化成因探析及对策研究［J］.中国教育信息化（基础教育），2010（10）：40-42.

［5］杨宁春，李凤琴.特殊教育信息化构架分析与实施措施［J］.中小学电教（教师版），2011（5）：58-60.

［6］严冰，胡新生，于靖熙，等.面向残疾人的远程教育实践探索与思考［J］.中国远程教育（综合版），2007（10）：5-12.

［7］周惠颖，陈琳.国外特殊教育信息化现状与启示［J］.中小学信息技术教育，2008（7）：130-132.

［8］张胜伟.特殊教育资源库建设的探讨［J］.科技风，2008（9）：186.

［9］崔玲玲，张天云.中国特殊教育资源网听障资源建设探析［J］.中国教育信息化（基础教育），2011（7）：75-78.

［10］达理.吹响集结号：来自第二届全国特殊教育学校教师信息技术综合应用能力大赛的报道［J］.现代特殊教育，2009（1）：4.

［11］黄翔，史文津.特殊教育学校信息化建设的影响因素分析：以江西省为例［J］.职教论坛，2012（27）：34-37.

［12］刘惠苑，廖慧.信息无障碍技术在残疾人教育中的应用及前景研究［J］.社会福利（理论版），2012（2）：21-24.

［13］祝智庭.中国教育信息化十年［J］.中国电化教育，2011（1）：20-25.

［14］肖伟.建构主义在特殊教育学校信息技术课程中的应用研究［J］.商业文化（学术版），2011（12）：231.

［15］张家年，朱晓菊，程君青.教育技术应用和研究的盲区：残疾人群的教育［J］.现代教育技术，2006（4）：13-15.

［16］张卓星.信息技术手段在特殊教育中的运用［J］.现代教育技术，2009（11）：36-39.

［17］申仁洪.计算机技术：特殊儿童康复的重要手段［J］.现代特殊教育，2000（9）：3-4.

［18］申仁洪，许家成.基于信息技术的特殊教育服务传递系统［J］.中国特殊教育，2002（1）：73-77.

［19］杨永丽.浅谈信息技术对听障学生思维发展的作用［J］.新课程研究，2011（9）：168-169.

［20］侯振乾.运用信息技术实现小学语文课外拓展实践探究［J］.中小学

电教（下），2020（4）：59-60.

［21］何克抗.对国内外信息技术与课程整合途径与方法的比较分析［J］.中国电化教育，2009（9）：7-16.

［22］何克抗.信息技术与学科教学"深度融合"的路径与实现方法［J］.中小学数字化教学，2018（2）：17-20.

［23］高琳琳.信息技术在聋校语文教学中的应用研究［J］.软件导刊（教育技术），2010（2）：34-36.

［24］何克抗.2000年以来教学设计的新发展——对美国《教育传播与技术研究手册（第四版）》的学习与思考之一［J］.开放教育研究，2016（6）：21-30，126.

［25］何克抗.智慧教室+课堂教学结构变革——实现教育信息化宏伟目标的根本途径［J］.教育研究，2015（11）：76-81，90.

［26］刘颖.基于视觉情境的聋校语文教学创新研究［J］.汉字文化，2022（3）：111-112.

［27］邱想科.基于立德树人背景下的小学语文教学探究［J］.家长，2020（8）：83，85.

［28］马天骄.语文教学渗透德育　巧妙落实"立德树人"——小学语文教学德育的渗透策略［J］.新课程，2020（43）：236.

［29］杨新春.以"文"传道，润物无声——初中语文教学中有效渗透立德树人的实证例谈［J］.基础教育论坛，2021（7）：54-55.

［30］陈如仓.新课改下初中语文教学中德育的实践［J］.西部素质教育，2020（2）：40-41.

［31］刘世军.初中语文教材德育内容落实及实现路径［J］.内蒙古教育，2019（15）：27-28.

［32］庞庆勇.聋校初中语文阅读教学有效性的探究［J］.华夏教师，2019（12）：28.

［33］颜志礼.初中语文教学中德育教育开展策略探究［J］.科学咨询，2018（32）：126-127.

［34］周而慷.影视片段在聋校语文教学中的运用［J］.现代特殊教育，2014（4）：44-45.

［35］丁光忠. 微课在小学语文课堂教学中的作用［J］. 学周刊，2020（17）：119-120.

［36］殷海英. 运用电化教育技术优化古诗教学［J］. 中国教育技术装备，2009（13）：152.

［37］姜涛. 运用多媒体优化古诗词教学初探［J］. 雅安职业技术学院学报，2011（2）：73-74.

［38］张亚萍. 利用信息技术让古诗词教学变得再简单些［J］. 语文教学通讯·D刊（学术刊），2013（9）：40-41.

［39］蔡美娟，欧阳华钦. 多媒体在语文教学中的优越性［J］. 语文教学与研究，2004（1）：61.

［40］苏卫宁. 微课在高中语文古诗词教学中的应用探讨［J］. 语文教学与研究，2019（5）：110-111.

［41］董月梅，薛大威. 活用信息技术　提高教学效率［J］. 现代特殊教育，2014（1）：33-34.

［42］陈建军. 试论聋校沟通与交往课程的实施原则［J］. 绥化学院学报，2011（3）：14-15.

［43］姚冬萍. 在生活化课程环境中提高智障学生沟通交往能力的探索［J］. 考试周刊，2011（5）：224-225.

［44］陶永宁. 聋校"主题式交际活动课"教学策略［J］. 现代特殊教育，2011（6）：27-28.

［45］朱芳. 创设情境教学，激活聋校语文课堂［J］. 同行，2016（11）：185.

［46］陈丽玉. 情境教学在聋校语文教学中的运用［J］. 小学教学参考（综合版），2011（3）：29-30.

［47］包葵. 情境教育在聋校语文教学中的运用策略［J］. 现代特殊教育，2016（4）：47-48.

［48］肖黎. 信息技术手段在特殊教育中的运用［J］. 河南教育学院学报（哲学社会科学版），2007（2）：81-83.

3. 论文类

[1] 许蕾. 信息技术与语文课程整合的研究 [D]. 上海：上海师范大学，2008.

[2] 段琼. 信息技术应用于听障语文课程的研究——以邯郸市建哑学校为例 [D]. 桂林：广西师范大学，2012.

[3] 卢沛文. 广西基础教育信息化环境下信息技术与教学深度融合研究 [D]. 桂林：广西师范大学，2014.

[4] 高琳琳. 信息技术应用于聋校语文教学的研究与实践 [D]. 曲阜：曲阜师范大学，2010.